1962–2012

我和孩子们的故事

——家教有道

武凤英 著

山西出版传媒集团　山西教育出版社

图书在版编目（C I P）数据

我和孩子们的故事/武风英著. —太原：山西教育出版社，2014. 11
ISBN 978-7-5440-7196-3

Ⅰ. ①我 Ⅱ. ①武… Ⅲ. ①家庭教育-通俗读物 Ⅳ. ①G78

中国版本图书馆 CIP 数据核字（2014）第 214536 号

我和孩子们的故事
WO HE HAIZIMEN DE GUSHI

责任编辑 张 平
复　　审 康 健
终　　审 张沛泓
装帧设计 薛 菲
助理设计 崔文娟
印装监制 贾永胜

出版发行 山西出版传媒集团·山西教育出版社
（太原市水西门街馒头巷 7 号 电话：0351-4035711 邮编：030002）
印　　装 晋中万嘉兴印刷有限公司
开　　本 880×1230 1/32
印　　张 7. 625
字　　数 173 千字
版　　次 2014 年 11 月第 1 版 2014 年 11 月山西第 1 次印刷
书　　号 ISBN 978-7-5440-7196-3
定　　价 20. 00 元

序一　家风是个人精神成长的源头

在一定的阶段，家庭教育是其他教育的基础。人生价值观的雏形，是在家风家教中形成的。家风始于家庭亲子血缘关系的伦理，涵盖了整个社会人际关系，并体现在道德文明的传承上。这种传承方式具有鲜明的中国传统文化特色。可以说，家风是通过家教形成的家族风气和文化氛围，体现了家庭的风格、风尚，是个人精神成长的源头。好的家风是一种健康向上的正能量。

凤英同志写的《我和孩子们的故事》一书，是一部用心血凝成的传承优良家风的好作品，从中可以感受到优秀传统文化的熏陶，可以感受到时尚的跃动。凤英同志在《我们的家庭会》中这样写道:“尽量想方设法为孩子们及时创造较好的学习条件，营造较好的学习环境……在日常生活中，我们特别注意捕捉教育时机，抓住机会，激发和鼓励孩子们学习的积极性和上进心。”“值得一提的是我们坚持了多年的各种形式的家庭会。我们的家庭会内容丰富，形式多样，生动活泼，寓教于乐。有口头作文赛、智力竞赛、即席讲演、朗诵、故事会、漫谈会、生日聚会以及联欢会等等……是我们为孩子们构建知识网络的一种有效形式。在知识网络中，父母与孩子、孩子与孩子，互相启发，互相促进，共同成长。”将优秀传统文化与时尚嫁接，这确实是一种寓教于乐的好方法，值得效仿。

纵观凤英同志的一生，应该肯定地讲，她既取得了事业上的成功，又在传承家风、立德树人方面做了成功的尝试，因而赢得了所工作过的单位和社会的尊重。她的一个女儿和两个儿子都已成人，女儿和一个儿子毕业于北京大学，另一个儿子毕业于中国政法大学，他们均学业有成，并都在各自的工作岗位上发挥着重要作用。而家风、家教在孩子们成长过程中所起的或显而易见或潜移默化的作用，在作者细腻的笔触下，得到了充分的体现。凤英同志用良知书写史实，写出了一个庄严的人生，一个个鲜活的故事，也是一个个教育材料。她知足、知恩、知愧、知耻。这部书应该说是良知之作、良心之作，探索现代家庭教育之作。

由此，我想到另一部题材类似的书，想从更宽广的视角来观察母亲在传承家风中的意义。2003 年冬，友人送给我一本刚刚出版热销的《发现母亲》，作者是华东交通大学母亲教育研究所所长王东华。书的副题是："推动世界的手是摇摇篮的手。""你可以不是天才，但你可以成为天才的母亲。""母亲的素质决定着民族的未来和命运。"《人民日报》等新闻媒体以及著名的学者、专家纷纷发表书评，对此书予以高度评价："这是一部真正意义上的原创作品。""作者考察了中外上千年的教育史、女性史及文化史，并对之进行了批判性分析研究。""它凝聚作者'圣徒式'地献身于'母亲教育'事业的心血，体现了作者忧国忧民的社会责任感和爱国报国的赤诚之心，这也使得本书激情洋溢。"凤英同志讲的"故事"，也是这样"激情洋溢"的，使我们依稀看到了一双伟大的通过推动摇篮去推动世界的母亲之手。

凤英约我写序，写下以上文字。

衷心祝愿每一个孩子都有一个好母亲，每一个孩子都有一个好家庭！

山西省政协原主席　郭裕怀

2014 年 3 月 31 日

序二　真爱尽在细微处

——《我和孩子们的故事》读后感

凤英让我给她的《我和孩子们的故事》（下称《故事》）一书提点意见，读后很有感触。

书稿采用写实的手法，以一个个故事的形式，从多个不同的侧面表现了如何把孩子培养成才这个主题。故事真实生动，曲折跌宕，可读性很强。用故事题材来表现家庭教育这个主题，无疑是很受欢迎的。

《故事》之所以吸引人，在于它紧紧抓住了当前社会的热点问题：如何教育好孩子？作者用她自己的亲身经历和感悟，用实实在在的效果和细腻的笔调生动地回答了这个问题。而回答这个问题，作者也是最有发言权的。凤英由一个山村农民家庭出身的淳朴姑娘，经过刻苦学习，艰苦奋斗，逐步成长为优秀教师、省厅机关的党委书记。我和她是同乡，后来又同在省直机关工作。在家乡，人们说起凤英无不称赞，她是我们山村里飞出的金凤凰，大家对她十分钦佩。她和丈夫的爱情故事，特别是把三个孩子培养成品学兼优的优秀人才的故事更是被传为佳话。

《故事》的内容大体分两部分，一部分写她自己的成长历程，一部分写孩子们的成长历程。本书紧紧围绕如何从小培养孩子们的优秀品格和学习精神展开。一个个生动的故事体现了身教胜于言教，体现了陶行知先生“尊重孩子的天性，诱发孩子的悟性，启迪孩子的灵性，激发孩子的创造性”的教育思想。每个故事各有侧重，各有特色，又互相衔接，自然流畅，水到渠成，润物无声，读来亲切感人。

在她自己的成长历程中，作者写了自己的爱情经历，字字真情实感，扣人心弦。恋爱婚姻家庭是孩子们必然要经历的，是不可回避的。把自己的经历告诉孩子们，可以让孩子们正确对待这些问题。凤英夫妇已走过金婚。看到他们生活得潇洒，风雪无阻练太极，脸上洋溢着青春的笑容，又钦佩又羡慕。榜样的力量是无穷的，孩子们从父母身上学到了优秀的品格，也收获了幸福的爱情。

过去我曾向凤英两口子请教关于孩子的教育问题。记得他们讲过这样一件事，一次过中秋节，全家人在院中赏月，大家一边吃月饼，一边讲有关月亮的故事。当晚，凤英要求三个孩子以赏月为题，每人来一篇口头作文。孩子们有的讲了父母的养育之恩，有的讲了飞向月球的梦想，有的讲了古人关于中秋的诗赋。讲完后让他们互相点评，孩子们特别高兴。在一种轻松愉快的氛围中培养了孩子们对写作的兴趣，使他们受到了中华优秀传统文化的滋养。她的孩子们从小就活泼开朗，学习优秀，热爱劳动，崇尚体育，文明礼貌，真诚可爱，她将陶行知先生的教育理念生动地体现在了生活中。

《故事》让人深切地感受到了作者对家人的爱。正是这种爱，让孩子们在成长中健康，向上，成才，幸福，快乐。同样读者也会感受到作者对生活的热爱，对同志的友爱。这些必然也会感染孩子们。著名作家张平在文艺精品创作会议上讲过这样一句话："爱与善是民族最可贵的精神。"凤英的《故事》之所以感人，正是凝含了这种可贵的精神，正是这种精神激发了她的写作热情。

作品较多细节描写，着力刻画人物性格，挖掘人物内心世界，每个故事都深深触动着读者的心灵，引发读者的共鸣，给读者留下难忘的印象，对于作品的主题的表现更加生动形象。《故事》无论对家长和教育工作者，还是对孩子们都具有深刻的启迪意义。

《故事》是作者的处女作。她说“故事”要继续写下去。相信她会坚持写下去，会有更多的动人的“故事”奉献给读者，因为她有坚实的生活基础和对生活对写作的无限热爱。

山西省政府原副秘书长　郭慧民

2012 年 10 月

目录
Contents

附录

故事 1

我和他

在我第一次遭受挫折，苦闷、沮丧、彷徨的时候，是他，带着一束明亮的光和他那颗炽热的心闯进了我的心田。是他，帮助我驱散了心中的乌云，让我的眼前出现了一片灿烂的阳光。

那是 1962 年 8 月，当我得知自己高考落榜的消息以后，心中非常苦闷，觉得自己的一切理想、抱负就像美丽的肥皂泡一样破灭了。我回到自己的家乡平遥县枣树坪村，把自己关在屋子里，成天闷闷不乐，流眼泪。心想，自从 1959 年上了平遥中学高中，我一直积极上进，努力学习，立志将来要有所作为。1960 年国家遭受严重经济困难时，我们总是缺吃少穿，常常忍饥挨饿坚持学习，还参加了学校组织的很多重体力劳动，有的同学还因严重营养不良得了水肿病。记得 1960 年 6 月我们参加修建山西省大型水利工程文峪河水库，从早到晚步行了整整一天，行程近百里，从平遥城到达目的地——吕梁地区的交城山时，两脚板上都打了血泡。在盛夏，我们 40 个人在野地里挤住在一个帐篷里，蚊蝇到处都是，仍然是吃不饱肚子，却必须参加那样高强度、超体力的艰苦劳动。17 岁的我拉着 500 多斤重的平车往坝上运土方，送一趟土方，常常是汗水湿透了衣衫。口渴了没有水喝，只得倒一茶缸用粗管子从河里抽上来的带有泥沙的河水，澄清了一些喝。有时晚上还要苦战、夜战 8 个小时，好些同学都患了痢疾却无药医治。衣服磨破了，没有换的，只好自己把长裤剪成“短裤”，把长衫剪成“短袖衫”。一些同学身体吃不消生了病，回来后休学、留级，甚至退学，这些我都挺过来了，还加入了共青团。一贯努力学习、积极要求上进的我，学习成绩和各方面在班里都属上游，可这次为什么就……命运为什么要这样捉弄我？（后来我才知道，1962 年因国家遭受严重经济困难，好些国有企业、大中专院校都纷纷解散下马，高考录取率降到新中国成立以来的最低点，而我把志愿报高了）母亲却好像无所谓，她劝我说：“一个女孩子家，考不上就考不上吧！以后能找个事儿干就行了。”她哪里能理解当时踌躇满志的女儿遭受挫折以后的苦闷心情？

这天，在枣树坪娘家休假的堂姑来看望我。她开导了我一番以后，告诉我说：“人家王柯明天要来看你，你和他好好聊聊，或许心情会好些。王柯在平遥中学上初中时，和你姑夫（她的丈夫）是同班同学。你姑夫说，人家可是个品学兼优的大学生啊！”

“他来干什么？”我心里想。

关于他，我过去是有点儿了解的。那是因为他爹和我爹是表兄弟，所以我们孩提时就认识。他，平遥范村人氏，小学四年级的时候，就被他爹带到县城里的第四完小上学去了。他们村距我们枣树坪村就是七八里路的样子。他给我的印象是个子不高，相貌英俊，举止文雅，爱学习，话不多，而且说起话来慢条斯理的。小时候，我曾见他臂上别一个三道红杠杠的袖标，那是少先队大队长的标志，看起来很神气！让人羡慕死了。我父亲曾不止一次在我面前夸奖他，说他懂礼貌，学习用功，字儿写得很漂亮，还让我向他学习。但我们不曾来往，更没有多交谈过。在我的记忆中，只是过春节时他随其长辈到我们枣树坪村来拜年时见过两次面。1959 年我考上了平遥中学高中，入学不久，一次在校园里遇到了他。那时他已经是成人了，是高 24 班的团支部书记，我也是一个十六七岁的大姑娘了。看见他，我迎上去和他打招呼。他知道我刚刚上了高中，便热情地告诉我如何学好功课，“尤其是外语，一开始就要扎扎实实打好基础，不能马虎。”他像是在“教导”，又像是在“嘱咐”。1959 年县里举办国庆十周年大庆活动，在平遥城隍庙陈列的“十年辉煌成就展览”的展板上，我看到了他的一张大照片，照片下面是他的模范事迹介绍。原来，他是平遥县推选出的优秀人物“十朵花”之一，还是个不小的模范人物呢！当时我觉得他很了不起，令人佩服。开学不久，一次我和他说我需要一本化学书。那天我在大饭厅吃完早饭，回到教室的时候，发现我的课桌上有一本化学书。

“莫非是他给我送来的？”我想。

一会儿，同学香莲走过来告诉我说：“高 24 班的那个男生给你送来一本书，我知道他，他是我们四完小毕业的，这人学习可好哩！”当时我觉得，他对人还是挺不错的。

1960 年夏天，他们高考结束之后，又回校参加修建教学大楼的劳动。那时，我们这些高一的学生在参加了修筑山西文峪河水库劳动之后，又紧接着参加修建教学大楼的劳动。记得那天夜里，我们加班苦干，我和我们班李玉梅同学抬着一个大抬筐在工地上运土，累得满头大汗。忽然，从后面传来一个轻柔而熟悉的声音：“小同学，咱们交换一下抬筐吧！请把你们的大筐换给我们，你们用这个小筐，好吗？”我俩先是愣了一下，回头一看，是他，我和李玉梅谁也没作声，眼睛对视了一下，我不好意思地笑了笑，就把小筐换了过来。玉梅高兴得偷笑，说：“天下竟有这样的好人！”当时我心里也有些感动，觉得他不仅学习好，品德也很高尚。可是从那以后，我们就再也没有见过面。后来听说他那年考上了华北人民大学，第二年，也就是 1961 年，华大解散，他回到了山西大学。但是在这期间，他没有和我有过任何联系。渐渐地，我又觉得这个人有点眼高，看不起人，上了大学也不吭不响的，不知道和人联系。再后来，我又听说他和他的一位女同学谈恋爱了。这次他主动要来看我，是出于对我的关心，还是同情、怜悯，或者还有别的意思？我不想多加考虑，只觉得不管怎样，人家来看我，总是好意吧，总不能拒绝呀！况且我看堂姑也是为我好，看得出，在这件事上她和姑夫可是花了心思的。我沉思了片刻后说："那好吧！"

就这样，说好了第二天上午接待他。

第二天（8 月 27 日）吃罢早饭，我穿上了那件已经穿旧了的蓝格子布衫，还特地穿了一条磨得发了白的、屁股上已经打了两块大补丁的蓝色斜纹布裤子，提着菜篮子带着小侄子团儿到自留地里去摘蔬菜。我家的自留地正好在他来我们村路过的山沟里，他如果来的话，在路旁的小河边就能与我相遇。两年多没见面了，这次和他见面，我素面朝天，对自己没有做任何修饰打扮，我就是我，不管你怎么看我，我就是这个样子……

我在自家的菜园子里摘好了豆角，提着一篮子蔬菜和团儿慢慢往回走，我们在路旁的小河边停下来歇脚。清清的河水从山间流出来，哗啦啦地向前流淌。我蹲在河边，用那清清的河水洗了洗手，抹了一把脸，再看看那奔流不息的清澈河水。顿时，一股清凉、舒适、惬意的感觉油然而生，我好久都没有过这种感受了。再看看无忧无虑的侄子团儿脱掉鞋子，快乐地跳进水里尽情地玩耍的样子，我的脸上露出了一丝笑容，不由得和他一起玩起水来。可心里却惦记着：他来了没有？

忽然，"咚咚咚"一阵急促的脚步声从山坡上传来。我抬起头来，看见他兴致勃勃、小跑似的向河边奔来，正好和我打了个照面。

“你来了!”我站起来甩了甩手上淋着的水，有些腼腆地说。

“来迟了，本来吃罢早饭就要走的，可是三弟又让我给他理发。”他一边解释，一边帮我提起菜篮子，我们相跟着往村子里走去。我低着头不吭声，一股脑儿往前走，他边走边找话题与我聊。

“心情好些了吗?”他看着我的脸关切地问。

“能好吗?我，一个地地道道的失败者。”我没好气地说。

“那又有什么呢?人生不能以一次高考论成败啊!还是要看得开些、振作起来才对呀!以后还会有机会的。”他安慰我说。

他倒很会开导人。我想:“那是事情没有搁在你头上。”

一会儿就到家了，母亲和五姑见他来了，格外高兴，热情地又是让座又是倒水，母亲和嫂子还忙着张罗，为他准备午饭，她们好像在尽量创造条件让我们俩单独好好交谈。

其实，我们俩在一起聊的话题无非是学校、老师、同学、学习的情况，以及对一些人和事的理解和看法，再就是有关志向、志趣方面的话题。他告诉我他当年上华北人民大学的情况，以及第二年国家经济困难，华北人民大学解散后他到山西大学政治系学习的情况以及他今后的打算。对于我，他认为我是个有理想、有抱负、有志气、聪明好学、进取心强的姑娘，这次高考受挫实属偶然，会挺过去的。他看着我说:“你上高中第一学期期末考试，就是班里第七名，当时我就想，这个海棠(我的乳名)学习还真不错呢!”

“你是怎么知道的?”

“我去看张贴出的榜来呀!难道不是吗?”

“我记得你是班里第三名，对吧?”我们两人都会意地笑了。

就这样，我们俩越谈越投机，谈话的内容也越来越多。他说："今年过了春节，正月初三，我就来枣树坪找你来着，可是正好你到灵石过春节了，很遗憾没能见到你。"我说："我后来听我嫂子说你来过。"在谈到个人终身大事的时候，他对我说："在恋爱婚姻这个重大问题上，我始终遵循这样一个信条，那就是：不爱我的人不值得我爱她，这些以后我会慢慢告诉你的……"

他好像还有好多话要对我说，可是时间过得太快了，不知不觉已是中午时分，母亲和嫂子已经准备好了午饭。他盘腿端坐在我家的大炕头，嫂子端来了饭菜，大家热热乎乎一起共进午餐(当时我父亲在灵石工作，经常不在家)。大家边吃边拉家常，屋子里充满了愉快的气氛。快吃完饭的时候，他恳切地对我母亲说："婶母，让海棠后天到我家去玩两天吧！"

没想到这时的母亲喜笑颜开，她看了看他，又看了看我，笑嘻嘻地答应说："行，她愿意去就去吧。"

"婶母说了，你就出去玩玩，散散心吧！"他深情地望着我，目光中充满了期待。

我当时心里一个闪念："这合适吗？这算啥？"半天，我低头沉默不语，但抬起头来看到他那种让人不能不答应的目光，又看见母亲那满面的笑容和红光，就不好意思地点了点头，算是默许，顿时饭桌上的气氛更加活跃起来。

下午，他告辞回家。母亲、五姑和嫂子都很热情地将他送到大门外。我送他到村口，在村口恰巧遇上我高中时的同窗好友玉卿，她从家乡介休专程来看望我，我喜出望外，近期我好像都没有像今天这样开心过。玉卿和我一样，也是今年高考的落榜生，但她看起来比我乐观多了，对高考落榜的事持一种无所谓的态度。她长我两岁，上高中时已经结婚，和我在一个班读书时，她就像大姐姐一样关照我。也好，这次她也看到了他，对他也有了些印象，以后好为我参谋参谋。

和玉卿在一起的时光是十分开心的，我们几乎无话不谈。她说她准备找个工作养家糊口。她希望我振作起来，或者来年再考，或者也找个工作干。她对他的印象很好，我给她比较详细地介绍了他的情况和我父母对他的态度以后，她以一个大姐姐的身份郑重其事地跟我说：“我觉得这个人对你来说，各方面都比较合适，比较理想，你应该和他好好相处，发展下去。”最后她说：“我相信，有情人终成眷属。”

第三天，玉卿要急着回去。我呢，已经答应了去他家。我送玉卿一程，正好也能路过他们村边的那条芦苇沟，这样就两全其美了，既送了好友玉卿，又耽误不了到他家的事。于是，我和玉卿吃罢早饭，告别了母亲，就相跟着上路了。一路上，我俩有说有笑，不知不觉就走进了他们村边的那条芦苇沟。哇！眼前是一大片芦苇地，油绿的芦苇长得特别繁茂。芦苇地边的小路旁是一条弯弯曲曲的小溪，溪水清澈见底，流水潺潺，溪里的小蝌蚪快活地游来游去，景色十分迷人。我们沿着这条蜿蜒的小溪兴致勃勃地往前走着。拐过个弯，突然发现在小溪边的那块大石头旁边，蹲着一个年轻人，他独自一人在那里用手戏耍着清清的流水，听到我们的说话声和脚步声，他猛地抬起头来。哎呀！是他。玉卿在我耳边悄悄地说：“肯定是在等你，你快跟他一起去吧！也许你们很投缘。”他看见我们，急忙站起来殷切地打招呼，并邀请玉卿也一起到他家去做客。玉卿急着要回去，客气了一番后，就告辞了。

送别了玉卿，在绿茵茵的芦苇地边、清凌凌的溪水旁，只剩下我和他。我俩蹲在小溪旁，我把手伸进溪水中玩水，又不自觉地仰望天空，只见蓝蓝的天空上，几朵白云在自由地飘荡。当我又低头看水中的那些美丽的倒影时，发现清清的溪水中竟然还有他和我的影子。一些不知名的小鸟在空中、在芦苇荡里自由自在地飞翔。周围是那样的幽静，那样的祥和，只有潺潺的流水声和小鸟的歌唱声。他满面笑容地把自己的手伸进清清的溪水里，我忽然发现他左手的无名指上还带着一枚金灿灿的戒指。没等我多想，他就站起来深情地看着我说："海棠，这枚戒指你喜欢吗?"说着就将我的手往过拉。此时，我的心不由自主地怦怦乱跳起来，脸一下就变得红彤彤、火辣辣，好像在发烧。我知道，这戒指在我们家乡，是男女定终身的信物，难道我就这样和他定终身了？但我又没有立即退缩，定了定神，还是羞怯地顺势把手伸给了他。他从自己的手指上脱下那枚金灿灿的戒指，戴在了我右手的无名指上……此时的情景，简直就是一幅美丽的图画。在后来的岁月里，甚至时至今日，我俩还常常甜蜜地回忆起当时那幅美丽动人的图画。

现在回想起来，当时的我是多么简单多么单纯啊！就那么三下五除二把自己给许出去了！

他兴致勃勃地将我领回家，他母亲高兴极了，精神看起来也好多了，原来还听说他母亲病着，身体不好，所以总是催促他早点结婚。估计是看到我戴上了他们家的那枚金戒指，她心里欢喜，精神自然也就好了。

在他家待了两天。这两天中，我和他一起干家务活儿，一起到他家的菜园子里摘菜浇水。他父亲在平遥城里工作，晚上，我和他母亲住一个屋。这两天中，我和他谈了许多，以至无话不谈。在交谈中，我发现我们俩的人生观、世界观、价值观竟是如此的相同、相近，志趣、爱好也是如此趋同。同时，我们都有一颗纯洁、诚实、善良的心，有积极进取的人生态度，有吃苦耐劳的品质和勇于克服困难的勇气。他还坦诚地向我讲述了他之前的那一段不愉快的短暂恋爱经历。听了他的讲述，我觉得他的确是一个非常诚实的人，因为如果换了别人，一般是不会一开始就向恋人倾吐这些事情的。当然，这或许也是他对我的忠诚和信任吧。我觉得，单这一点，就令我感动，就值得我去爱。至于对方，各人有各人的择偶标准，也是无可非议的，更没有必要忌恨。不是恋人，也可以是好同学、好朋友嘛！我也给他说了我自己的一些情况。我说：“之前，我也遇到过某些男同学对我表示过爱慕，但我们始终保持着正常的同学友谊。我们在生活上互相关照，在学习上互相鼓励和帮助，从未有过任何越轨的行为。同时，我也不会轻易向他人许诺什么。当然，我心里也在做着选择……”我认为，青年男女选择自己的终身伴侣，是一件非常严肃的事，应该郑重地对待。所以，我们遇到的这些事都是些很正常、很自然的。我为他的诚实所感动，他为我的明理、大度和宽厚所折服。如此一来，我们的心也越来越近了。

第三天吃罢早饭，我就要回家了。一方面他马上就要开学，另一方面我母亲肯定也等急了。临走，他母亲赠送了我四样礼物，也都是些小礼物。他还执意要送我，没想到他这一送，便把我送回了枣树坪我家，一路上我们有说不完的话。回到我家，母亲、嫂子还有我们大院里的本家邻居叔婶都来看望他。中午饭，他们特地为他做了长长的拉面，“拉面”的意思是双方要“拉住”，要“长久”，就是意味着这桩婚事已成。

下午，他回去的时候，我母亲也为他准备了四色礼物，表示“回敬”。我送他到村子外的那道山沟里，那里有我家的菜园子，地里种着各种蔬菜，还有桃树、杏树、枣树和一棵高大的槟果树，槟果树上结着红盈盈的果子，果子散发出淡淡的香味。我带他来到地里，我们坐在果树下面乘凉歇息，尽情地享受着这美丽的田园风光，尽情地畅谈着我们心中的那些秘密。一会儿，我便十分麻利地爬上了那棵高大的槟果树，为他采摘那一个个带有香味的红果子，让他品尝。他站在树下仰望着我，品尝着我采摘的那醇香、酸甜、略带一丝丝涩味的果子，笑着说："别摔下来，摔下来我就这样把你接住。"说着，做了一个搞笑的动作，惹得我在树上哈哈地笑起来。在这道山沟里，仿佛只有我们俩，我感到一种从未有过的踏实和自在，一种难以言状的快乐与甜美。这一切，都在我们的脑海里留下了永久的记忆。

离别的时候，他紧紧地握着我的手，对我说："因为有了你，我将更加奋发努力，力争把事情做得更好，为我们的未来打好基础。我相信你一定会有好机会的。退一步讲，即使你以后真的留在农村，我也绝不会嫌弃你，将来我会努力创造条件把你带出去，我们会永远在一起的。"我默默地看着他，我感到他的手是那样温暖，那样有力，他的心是那样炽热。就这样，我们恋恋不舍地分别了。

不平常的一周就这样过去了。

后来，我翻阅他的日记本时，看到他在1962年9月2日（星期日）的日记中这样写道："从8月27日到今天，这个暑假的最后的一个礼拜，过得好愉快、好美妙、好新鲜、好有意思！在这还没有觉察到就过去了的一周里，我平生第一次真正尝到了爱情的滋味。我们幸福地在一起，微笑带着醉意在我俩之间流淌，激起了多少浪花……我们是幸福的，因为我们心心相印，即将共同创造美好的未来，当然，未来也许会有困难和挫折，但只要我们努力，那又算得了什么？……我们是互相看着长大的。是的，回忆往事，很少的几次接触都曾激起过我们心中的浪花。诚实、聪明、可爱的姑娘啊！我们彼此了解，真心相爱，我们有共同的志趣，有相爱的基础……这样的一天，我早就想着它，盼着它。而现在我期盼着更加美好的未来。”

1962年9月下旬，山西晋中地区在当年的应届高中毕业生中招考一批小学教师补充教师队伍，我先让人捎着报了个名，然后简单准备了一下就去应试了。因为那时我的理想和目标还不是当小学教师，所以并没有把这次教师招考当回事积极准备。10月22日，我收到了录取通知书。平遥县报名的70余名应届毕业生中有29名被录取。通知要求被录取者10月29日到晋中师专（在榆次，后改为晋中教干校，即现在的晋中教育学院）培训，1个月以后由县里统一分配工作，成为国家正式教师，其待遇等同于中等师范学校毕业后分配的教师，1年见习期，见习期间月工资为29.5元，转正后为34元。我经过慎重考虑并和他商量后，决定先去参加培训，以后边工作边复习功课，争取来年再参加高考。

在晋中师专培训期间，我见到了一些原来的同学，像好友刘玉卿，同学王守基、申克已、罗生莲等，我们又在一起学习了，业余时间有说有笑。虽然条件艰苦些，但感觉还很不错。对所学的这些有关教育方面的学科，我都比较感兴趣，我还利用课余时间自学了手风琴，所有这些，对我以后从事教育工作，成为一名有魅力的教师很有益处。然而，那段时间里，他父母一直催促他结婚，办婚事。我母亲也想着让我找个工作，然后嫁出去，她就放心了。我俩倒不想急着结婚，因为他还得上两年半才能大学毕业，目前他还是个穷学生，自己上学的费用还得家里支付。我呢，还想再深造。我们当时真是一无所有，只有两颗赤诚、火热的心。但是依照双方父母的意愿，我们决定先办了结婚登记手续再说。

1962 年 12 月 1 日，是个神圣的日子。这一天，他和我在太原市南城区人民委员会办理了结婚登记手续。而后，我们一起来到迎泽公园，在公园的湖边，我们并肩漫步，亲切交谈。虽然是天寒地冻的 12 月，但我们一点也不觉得冷，心里热乎乎的，身上总有一股幸福的暖流在涌动。在公园的一个长凳子上，我们垫了块手帕坐下来。他紧紧地握住我的手，满怀深情地说："从今天起，你就成为我亲爱的妻子、终身的伴侣了，让我们携手并进，共同创造美好的未来吧!"看着他那双深情的眼睛，我默默地点了点头。我感觉到，他的手确实很温暖，很有力，他的心确实很炽热。他祝贺我将要走上工作岗位，我鼓励他集中精力好好学习。那天，我们谈了很多很多，时间不知不觉从我们身边悄悄溜过，我们很晚才回到住处。

12 月初，我被分配到平遥县北石渠学校工作，这是平遥县卜宜公社（乡）的一个中心校。刚刚到那里报到，校领导就让我和另一位女教师在一个破庙里教小学一年级。

不久，在农历十一月二十二日那天，我们按照双方父母的安排，在家乡举行了婚礼。我俩都各请了一个星期的婚假，按照家乡传统的风俗习惯，他用花轿吹吹打打把我娶回了家。然而，我们俩没有一件像样的穿着，甚至迎娶的那天还都是借别人的衣着穿，连被褥、床单等床上用品也很短缺、简陋，他家那个光线暗淡的边角窑洞里贴了一圈炕围纸，就算新房了。在别人看来，我们的婚事办得确实比较简单，甚至有些寒酸。但我们却不以为然，一周里热热闹闹、忙忙乱乱，穿梭于枣树坪、范村我们两家，两家大人们都高高兴兴的。我们俩在一起亲密地畅谈、学习和娱乐。他尽情地吹着笛子，我和着他的笛声唱起《九九艳阳天》《我们走在大路上》等歌曲。屋子里飞出了愉快的歌声，邻居们给予了我们由衷的赞许。总之，我们度过了十分愉快、十分甜蜜、十分幸福的一周。

七天婚假一过，我们便返回各自的岗位，投入到紧张的学习和工作中了。

1963 年初，国家出台了一项新政策：大学生不准结婚，结了婚的人不准报考大学。就这样，我考大学的路子被堵塞了，我只能选择边工作边学习提高了。从此，我潜下心来认真工作，在工作中坚持学习。那些年我虽然有了工资收入，但自己平时生活仍然十分俭朴，没有添置一件像样的穿戴，而是用自己微薄的薪金孝敬父母，补贴家用。更重要的是，我支持他完成了大学学业。

我们的爱情和婚姻没有太多山盟海誓，我们手牵着手，同甘苦、共患难，度过了多少艰难困苦的岁月，经过了多少风风雨雨，但两颗纯真、善良的心始终在一起。我支持着他，他疼爱着我。如今，我们已并肩走过了半个世纪，我们一起收获着自己辛勤耕耘所得的累累硕果，一起品味这美好从容的“陈年酒”，更感受到了这份感情的珍贵与甜蜜。

故事2

从东北带回了一颗种子

1966年初冬的一天，我终于踏上了去东北沈阳探望丈夫的征程。

我的丈夫王柯自1965年8月从山西大学政治系毕业后，由国家统一分配到辽宁省人事局工作，至今已有一年多了。这期间，他没有回过一次家，我一直在老家山西平遥卜宜公社北石渠七年制学校教书，也没有去探过一次亲。也正是这个时候，“文化大革命”的烈火，已经在全国各地熊熊燃起。学校取消了寒暑假，一律放农忙假。为的是让教师和学生参加农村的秋收秋耕，深翻土地，接受贫下中农再教育。从9月底到10月底大约一个来月的时间，我作为七年级的班主任，一直和学生们一起苦战在田间地头，真正和贫下中农打成了一片。虽然又苦又累，皮肤晒得黑黢黢的，成天带着学生和农民在一起劳动，倒也觉得快乐。在田间休息时，我给农民朋友们读报，和他们共同学习毛主席语录，教他们唱革命歌曲，还让学生们自编自演文艺节目，这一切受到了当地群众的欢迎和好评，也受到领导的肯定和表扬。秋假即将结束时，领导批准了我10天的探亲假。

那天下午，我简单地收拾了一下行装，便骑自行车匆忙赶到平遥火车站，买了一张到沈阳的硬座火车票。那个时候交通不便，从平遥到沈阳须在太原换一次车，在北京再换一次车，路上一般得花三天的时间。当时因为“文化大革命”开始了，全国各地都在搞“大串联”，学校停课“闹革命”，学生们纷纷到各地“大串联”，弄得火车不能正点开。我赶上了从平遥到太原的火车，晚上 10 点来钟到达太原，但是已经误过了从太原到北京的火车，只得次日再乘从太原到北京的火车。太原我很不熟悉，身上又没有几文钱，住不起旅馆，只好夜宿在寒冷而又拥挤、嘈杂的候车室里。

我虽然参加工作已经三年多了，可还是第一次出远门，不知路途的遥远和艰辛。我坐在候车室的长靠凳上，不时地看看墙上的那个大挂钟，哎！才 12 点多钟，什么时候才能天亮呀！干脆躺在长靠凳上睡睡吧。于是，趁长靠凳没人坐的时候，我便头枕着背包躺下。可是，我怎么也睡不着，许多往事浮现在眼前……

记得那还是去年的 9 月 30 日，他从山西大学回来，告诉他母亲说工作分配了。

“到哪里去工作?”母亲高兴地问。母亲这下子可盼到儿子大学毕业找上工作啦!

“辽宁沈阳。”儿子回答。

“沈阳在什么地方?离咱这儿有多远?”目不识丁的母亲又问。

“在东北，有三千多里。”儿子答道。

“什么?三千多里?这么远!”母亲的眼泪即刻扑簌簌地落了下来，满面的笑容顿时消失了。神情忧郁、满脸愁苦的老人呆呆地坐在那里，一句话也说不出来。

晚上，我从学校回来，得知他被分配到遥远的辽宁去工作时，也不由得落泪了。原以为熬到他大学毕业了，我们夫妻也该团圆了，谁知他却得去那么远的一个地方工作。我知道，他这个人是从来不会向组织上讲条件提个人要求的。他刚刚入党，肯定是绝对服从组织分配的。没有别的法子，我只能支持他。那几天，我和婆母默默地为他打点行装。他呢，虽然算是个乐天派，但面对母亲和妻子的眼泪，心里也不免有几分惆怅。10 月 5 日，他就要离家赴沈阳了。临行的前一天晚上，我们谈了很久，我向他诉说了几年来夫妻分离之苦，他说等他在外边干出个样子之后，一定要想办法和我团聚，建设一个属于我们自己的家。这次我还是和往常离别前一样，把事先准备好的那些有零有整的钱悄悄地塞到他的衣袋里。我们结婚以后，刚刚参加工作的我就主动承担起了供他上大学的费用。虽然我当时月工资才 34 元，但我总是省吃俭用，精打细算，既要照顾家里的父母兄弟，又要保证丈夫上大学的生活费用。这次他出远门，我当然要把自己手中那点积蓄全部给他带上。穷在家，富出门嘛！

范村距县城火车站有 25 里路，当时没有公路，只有村间小路。他要赶坐早晨 7 点多钟的火车，婆母大概是头遍鸡叫就起床为儿子准备饭食，那时候没有钟表，只能靠日头和鸡叫来估摸时间。村子里公鸡叫头遍大概就是凌晨 4 点来钟的样子。他吃了点饭，我送他到火车站。婆母送他到大门外，看着母亲那依依惜别的神情，他心里也不好受。10 月，北方的清晨，已是寒意袭人。当时天还没有亮，他推着自行车，我跟在后面，我们深一脚浅一脚地往前走，走过武村以后，天才渐渐地亮了。他骑自行车带着我一路颠簸，赶到平遥火车站已快 7 点钟了。他匆忙买了火车票，是硬座票。我买了张站台票送他上车，他拎着行李上了车，站在车门口招手示意让我回去，我站在那里却呆若木鸡，一动不动，眼里噙满了泪花，说不出一句话。汽笛鸣响了，火车徐徐开动，我的眼泪便哗哗地落了下来，真是“汽笛一声肠已断”啊！我心想：这一别谁知何时才能相见呢！我心里难过极了。但是，我还得振作起来，赶回学校为学生们上课。于是，我强打精神蹬着自行车一路上坡，行了 20 多里路赶回北石渠学校。一路上，我总试图努力把他的影子从我的脑海里甩出去，可是怎么也不能……

就这样，在候车室里我恍恍惚惚地度过了一个夜晚。等到第二天下午，才坐上了到北京的火车。第三天早晨 5 时许才到达北京永定门火车站。当天从北京去东北方向的火车是从西直门火车站开，所以我又赶紧乘公共汽车赶往西直门火车站，办了签证手续，下午才坐上到沈阳的火车。到达沈阳已是次日清晨 7 点多钟了，我没有看见他来接我，就自己乘公共汽车去找。离别这一年多的时间里，我俩总是鸿雁传书，来回差不多得半个月的时间，这次因为我决定要走的准确日期很难确定，来不及给他写信，也没有打长途电话，拍电报既不方便又花钱多，所以我决定索性给他来个惊喜。出站后，我乘公共汽车到辽宁省省委大院找他。好家伙，这地方真气派啊！我还是第一次看见这么大的“衙门”。大门左右两侧各站着一位身佩武器、威武雄壮的解放军战士，没有证件都不准进去。我向门卫说明情况并办理了登记手续后，才得以进入。

走在省委机关院内，我一边走一边想，我们已经一年多没见面了，他现在该是个什么样子呢？以前听他信上说，当时他毕业分配到辽宁省人事局，局里在审阅了他的档案后，认为他学习成绩好，字也写得不错，于是就把他留在了省人事局工作了。在省级机关工作，又挣了工资，现在的他一定踌躇满志，穿着打扮也一定潇洒体面了。现在的他可不一般了，可能比过去更“帅”了。

我好不容易找到了他的办公室，抬头一看，办公室的门紧锁着。我打问旁边走过来的一位中年男子，说他可能到食堂吃饭去了，让我在那边稍等。我把东西放下，一个人在办公楼外边的小径上踱来踱去。一会儿，他兴致勃勃地朝我奔来了。他笑嘻嘻地说："刚才那位同志告诉我说有个从山西来的年轻女子找我，我就知道肯定是你来了。走！咱们快去吃饭，我正吃到一半呢！"我打量了他一眼，眼前的他和我想象的完全不同，特别显眼的是他裤子膝盖上的那两块大补丁，那条深蓝色的斜纹布裤子还是前年我给他做的，其他地方都已经磨得发了白，只有那两块大补丁是两块新布补上去的，真不协调。鞋子也是原来的旧布鞋。只有那张红润而热情的脸和那双炯炯有神的大眼睛让我感到是那样的熟悉和亲切。我心里有点不那么惬意，心想：他的穿着怎么会是这个样子呢？这和他所在的省级机关多么不相称。可是他根本就没有看出我的心思，只知道一个劲儿热情地招呼我，我也没有多说什么，就随他一起向食堂走去。

饭桌上的半碗高粱米饭还在那儿搁着，他又买了一个馒头和一碗稀饭，外加一碟咸菜，算是招待我了。因为当时的粮食都是定量供应的，干部供应标准是每人每月 28 斤粮，其中细粮占 25%～30%，所以我从家走时还把平时积攒下的一点全国通用粮票全部带上备用。

他们局里和处里的领导和同志们知道我来了，都很热情，为我们忙乎起来，帮我们找了一间房子。老王帮助打扫房子，老朱从自己家里拿来了被子。庄局长、张处长、王成熙等同志都特地前来看望。总之，我们深深地感受到了领导和同志们真诚的关心。我觉察到了我的爱人在这里干得肯定是不错的，这使我感到莫大的欣慰。张处长还告诉他说："庄局长说了，放你几天假，带你爱人好好逛逛。"我听了心里很温暖，非常感激领导和同志们给予的关心和照顾，可是他跟我说，不应该因个人的事情影响工作，所以他还是照常上班，有时甚至还加班加点。有一次，他加班整理大字报，直到凌晨4点钟才回来，还带回一个加班面包来和我分享。现在想起来，那个面包可真是香甜啊！

白天，我一个人待在屋里没事，就帮他洗刷和缝补衣服、被褥。使我难过的是，他根本就没有一件像样的衣服，被褥还是上大学时婆母用自己纺织的粗布缝制的那套死沉死沉的旧被褥，衬裤的裤裆已破烂得无法再缝补了。我难过地问他："为什么不给自己添件衣服，把自己'包装'得像样一些？"他说："第一年试用期的工资每月46元，大都寄给父母了，剩下攒点儿等你来了花。"我气呼呼地说："你一点儿都不顾自己，我怎么忍心花你的钱啊！"

那个星期天，我们俩高高兴兴地乘坐电车来到沈阳著名的商业街——太原街。一路上，他不停地给我介绍沈阳这个重工业城市的情况，那个大烟囱是某某军工厂的，那儿是沈阳故宫等等。太原街到了，街市热闹繁华，购物的人熙熙攘攘，商店里货物琳琅满目，让人目不暇接。这次他把积攒的90元钱都带上了，准备给我和他的母亲买点东西带回去。我呢，是想要给他买几件衣服，免得他那样寒酸。在省级机关工作，太寒酸了会让人看不起的呀！可是他总是不配合，我为他选中的衣服他总推说不好，或者嫌太贵硬是不买，他要给我买的东西我也就赌气不买。两人你推我让，半天什么东西也没买上。我真的生气了，没好气地说："如果你不给自己买，明天我就回山西，我嫌你穿的丢人！"最后，他买了一条质地比较好一点的裤子，我买了件花格子布上衣，再买了点其他东西，那点钱也就所剩无几了。

下午，他领我到附近的中山公园游览，我们一起漫步在这座祖国东北大地上的公园里，肩并肩手拉手地坐在湖边的石凳上亲切地交谈着，也别有几分浪漫的感觉。晚上，他领我到公园附近的一家小饭馆吃馄饨和馅儿饼。我还是第一次吃到馅儿饼，真香！吃了两个，喝了一碗馄饨，味道真鲜美！本来还想吃点，但看见他已经埋单了，那就算了吧。结果，我们步行回到住处时，我倒有些饿了，但也没有好意思跟他说。后来我开玩笑地埋怨他："第一次到东北看你，就让我饿肚子！"

"文化大革命"运动的烈火在全国越燃越旺，形势的变化异常迅猛。开始是大专院校学生游行集会，后来工人、干部以及其他人员都卷了进去。先是大鸣、大放、大字报、大辩论，后来就是大串联、大批判，停课、停工闹"革命"了。再就是造反派批判"资产阶级反动路线"，批斗"走资派"，闹派性，搞武斗。全国形势很快大乱起来，一切都处于不正常状态。丈夫告诉我说，他们领导本来打算来年春节后，把我的工作从山西调到沈阳来，以解决我们夫妻分居的困难，现在机关都乱了，看来也不好说了。

我的10天假期转眼就要到了，可就是买不到返程的火车票。我跑了火车站好几趟，车站根本不卖票。我急得都哭了，他也急，托他们局里的同志和车站联系也无济于事。原来东北这里的火车已经停开了。怎么办呢？我回不去超假会有什么后果呢？我很忧虑，但也没有办法，只好给学校的领导写信说明情况，为了保险、快捷，还特意用航空挂号信寄走。

天气一天天冷起来，东北比家乡要冷得多。我走时就没有多带衣服，这下子又马上走不了，冷得受不了，我就上街买了件便宜的棉衣御寒，又买了一斤毛线，索性自己织条毛裤穿。我每天除了打听买返程车票的事以外，就是自己到外边看看大字报，读读《毛泽东选集》。我还和他在沈阳八一剧场观看了一场解放军的文艺演出，内容大都是歌颂毛泽东和“文化大革命”的，还有一些革命样板戏选段，演员表演技艺精湛，所以我们看得很开心。我俩还抽空到照相馆合了个影，黑白照片，很有时代特色：两人各抱一册精装本《毛泽东选集》在胸前，两双眼睛炯炯有神地望着同一个方向，他穿一件蓝色中山装，我穿一件砖灰色的制服，胸前都带一枚金光闪闪的毛主席像章。我原来的长辫子破“四旧”时就已经剪成短发，两人显得有那么一副“精神抖擞，意气风发”的“革命人”模样了。

后来，终于打听到能买火车票了。那是 11 月 26 日的上午，我赶快跑到火车站买了当天晚上 8 点钟的火车票准备回去。可是他前一天就到东北局参加批斗大会去了，晚上都没有回来。我走之前必须找到他，向他道别呀！东北局距我们的住地很远，去的路我又不认识，又没有电话。怎么办呢？我一路打问找到东北局，硬是在几千人的东北局大礼堂找到了他。下午他和我一起回到住地，简单地收拾了一下东西，他就送我去火车站了。

上火车的人可真多呀！站台上拥挤不堪，大概是因为这么长时间火车停运的缘故吧。车门打开了，人们蜂拥而上，毫无秩序，有的人干脆从窗户上往进爬，我带个背包怎么也挤不上去，车厢里的人已经是满满的了，眼看火车就要开动了，他硬是使劲儿把我推上了火车。我回头看他，他恋恋不舍地向我招手示意，此时，我的眼眶又湿润了。

火车徐徐开动了，他的身影渐渐远去，可是留在我脑海里的他无论如何也去不了了。车厢里水泄不通，座位上、走道上、厕所里、车门拐角处、洗漱处都挤满了人。有人风趣地说：咱们坐这火车只能带个鸡蛋和苹果，要不，口渴了不能喝水，要排泄不能上厕所，有什么法子呢！我靠着洗漱处的那个门槛站着，就这样一直站了十几个小时，第二天上午 11 点火车才到达北京。

回到学校后，我原以为这下子可耽误了学生不少课啦，没有料到，这时的学校已经关了门——全校师生均已停课“闹革命”去了。学校成立了“战斗队”，教师们纷纷参加了“战斗队”，批判“资产阶级反动路线”，搞“革命”大串联。12 月份，我也随着大伙儿大串联去了。

12 月下旬，我和同事们骑自行车到太原串联。我们戴着“红卫兵”的红袖章，再带上自己的简单行装，早上骑自行车从平遥城出发，傍晚到达榆次。在晋中地委看到许多“揪出某某某”“打倒某某某”之类的大字报。目标对准了省里和地区的一些主要领导同志。我心里有些纳闷：为什么这么多的领导都成了走资派！晚上，我们在榆次住了一宿。第二天就到了太原，住在太原十中（现在的山西省实验中学）的一个教室里。第二天到其他一些学校去串联，散发和收集一些资料和传单，学习人家怎么闹“革命”，怎样搞大批判。记得那时候，公共汽车随便坐，窝头馒头随便吃，不用花钱，只要有单位介绍信和“红卫兵”袖章就行。我们在太原待了一个多礼拜，也顺便在太原市里逛了逛。可是那几天，不知怎么了，我总是感觉不舒服，好像感冒了似的，不想吃饭。有一天，我和同事从解放大楼出来，看见大楼北侧的小街上有卖炖熟的猪蹄。那真是色泽黄亮，香味诱人，我有点忍不住了，跑过去不问价钱便买了两只，站在那里啃了起来。我的一位年长的女同事起初对我可笑的举止有些愕然，后来她笑着对我说：“我觉得你好像是怀孕了，妊娠反应！”我不在意地说：“我也不知道，反正身上很不舒服。”

串联回来之后，我越来越难受。恶心，呕吐，嗜睡，食欲不振。我想，干脆请个老中医看看是怎么回事吧。老中医为我号了脉，说我的脉是浮脉，是孕脉，要我多加注意保胎。看来我是真的怀孕了。我总觉得不好意思跟别人说，后来还是把这事写信告诉了丈夫。他高兴地来信说:“我们终于迎来了爱情的结晶，这是多么令人激动和幸福的事啊!”我当时也似乎有一丝幸福感和自豪感，但很快就被一种自怜的情绪取代了。学校复课后，我每天总是强忍着妊娠反应带来的种种不适，坚持工作，从未耽误过学生们一堂课。一些细心的女学生窃窃私语：“武老师的脸上怎么长了些雀斑?”原来，我因严重缺乏营养脸上长了妊娠斑。我照着镜子看自己，原本白净红润的皮肤变得又暗又黄，两道眉的上面、双颊、鼻翼两侧都长了雀斑。我觉得自己真是难看极了，简直像换了一个人，不由得黯然神伤。

我在心里一天天地数算着、期盼着，体验着这十月怀胎的滋味。到四个来月的时候，肚子里的小东西开始动来动去。六七个月的时候，小东西在肚子里动个不停。十月怀胎终于临近尾声，我考虑自己生产的事：丈夫来信说他的革命工作脱不开身，不能回来，让我到医院去生产。公社医院条件太差，到县医院吧，家里缺少人手，无人关照。算了吧！就回范村家里吧。婆母略懂一些接生知识，母亲也有点经验，就由她俩照顾我吧。按书上说的计算方法，我的预产期应该是1967年8月10日左右，所以8月5日我就请假回到范村，我母亲也来了，准备伺候我坐月子。说实在的，这时，我是多么希望丈夫能在我的身边，给我一点精神上的支持和安慰啊！可是他没有回来，这令我非常失望。

预产期到了，却没有分娩的征兆。预产期超过10天了，仍然没有分娩的征兆。我心里开始着急起来，成天胡思乱想：我这是怎么了？为什么到了时候孩子不出来？丈夫也焦急地来信打问情况。我暗暗落泪，心想：如果他在的话，还可以带我到县医院看看是怎么回事，一种莫名的伤感总在袭扰着我，我只能这样一天天等待着，一天天煎熬着……

直到1967年8月28日那天上午我感到肚子有些不适，晚上更加疼痛。半夜里难受得不能入睡，母亲和婆母知道是要生产了，就起来为我做了碗擦面，说是让我吃了增强体力。可是我只吃了一口，就开始恶心、呕吐，把胃里原有的东西也都倒了出来，真是难受极了。后来就是一阵阵的肚子疼，直到黎明。从早晨起，我肚子疼痛得已到了不堪忍受的地步，体力也差不多都消耗光了，头上豆大的汗珠直往下淌，我甚至想到了这次自己可能要死去……因为我知道家里不比医院，遇到紧急情况或不测是得不到及时处理和救治的。我母亲吓得浑身发抖，急得团团转。婆母急忙打发小叔子小三请了本村的刘大夫来。刘大夫来打了一针催产针，并采取了一些别的助产措施，直到中午12时，孩子总算生下来了。之后，我就失去知觉，休克过去了。醒来时，孩子已被婆母收拾好正放在秤盘子上称呢！只听见婆母说："啊哟！九斤重的姑娘，身体健康。我家这是'先开花花后结子子'啊！（意思是先生个姑娘后生儿子）"我这才知道自己生了个女儿。

产后，我的身体非常虚弱。怀孕时的劳累过度，长期的营养不良，再加上难产，致使我的身体状况很不好，精神也很疲惫，就像遭了一场大劫难，心里有一股说不出的伤感和委屈，却无处诉说。更使我难过的是，我的母亲含辛茹苦一直照料着我，她用一把白面精心地为我做一碗香喷喷的汤面，可她自己却吃些高粱面凑合着。我心里真不是滋味，流着眼泪问："妈，你为什么要做两样的饭菜？"她说："妈看见你那面袋里就那么一丁点儿白面。"看着妈一个人吃高粱面，你说我能吃下去吗？现在想起这些事来，我都落泪啊！所以，我的身体恢复得很慢，面色苍白，浑身无力。唯一能使我得到安慰的是给孩子的奶水还可以，小家伙一天一个样地变化着，她眉清目秀，稍高的额头下面一双亮堂堂的大眼睛总是好奇地望着这个陌生的世界，高高的鼻梁，小盅儿似的嘴巴，还不时地朝着你笑笑。小家伙变得越来越让人喜爱了。

一周后，我就在床上流着眼泪给丈夫写了一封信，告诉他我生了个女儿，并向他诉说了自己心中的委屈和苦闷。我感到特别委屈的是自己从“阎王殿里转了一圈”，丈夫却没能守护在身边。我写道：“你可知道，这次生产，我差点儿和你永别了……”然后和他商榷为女儿起名字的事。他来信说我们有了自己的女儿，他感到很高兴、很自豪，还说这次我生孩子他没能在我身边，心里也感到很内疚，他要抽时间请假回来探亲。关于孩子取名的事，他提了两种方案：一是叫“丛梅”，出于毛主席诗词《咏梅》中最后两句“待到山花烂漫时，她在丛中笑”；二是叫“东来”，因为爸爸在东北工作，她是妈妈从东北带回来的一颗种子。经过反复推敲，最后还是给女儿选取了“王梅”这个带“梅”的名字。

故事3

那个年代初为人母的艰辛

女儿快满两个月了，精心的母乳喂养，孩子发育得不错，越长越可爱了。一双亮晶晶的大眼睛炯炯有神，只要你逗逗她，她那对乌溜溜的眼珠就会转向你，看着你，冲着你微笑，然后小胳膊挥舞着，小腿儿再蹬几下，确是招人喜爱。小家伙的动作是那样的协调，那样的优美，宛如一个小天使（婴儿时的小孙女王紫嫣和她十分相像）。这时产假已满，但我由于营养不良，心绪不佳，加上劳累，所以两颊上的妊娠斑更加突显了，浓密的头发变得稀疏了，原来两条粗壮的辫子变成了细捻子。四肢无力，经常头晕。尽管如此，我也得去上班，因为那个时候产假只有56天。丈夫只是在我坐月子后期回来看了看，不久就又返回沈阳了。在我困难的时候，他在千里之外，不能为我分忧解难。这对我来说，以后生活的道路确实是泥泞难行、荆棘载途啊！

以往的我是单身，生活中的任何困难我都无所畏惧。现在我已为人母，我要使出我的全部心神来养育孩子，还得尽力做好自己的工作，不能因抚养孩子丢掉工作，失去自我。于是，我开始一个人不停地张罗着、忙碌着、辛劳着。我在北石渠学校附近租了一孔旧窑洞。这孔窑洞已多年无人居住，房东只放些柴草之类的破旧东西，但我考虑到租金便宜，离学校比较近，房东和邻居们又真心实意欢迎我来，于是我就决定在这里安营扎寨。邻居们帮我打扫窑洞。窗户上没有玻璃，居住在本村的表婶来帮忙，她爬上高高的梯子，帮我用麻纸糊好窗户；兄长从佛殿沟煤矿买了200多斤煤，推着自行车，不辞劳苦为我送来；邻居们凑了些柴火，终于把火炕生着了。搬家的那天，公爹挑着两个箩筐，一个筐里装着用棉被裹着的女儿，另一个筐里装着锅碗瓢盆，在凹凸不平的小路上，步行了五六里，帮我把女儿从范村送到北石渠村，那年他已是66岁的老人了。我呢，把大人小孩的衣服被褥和所有的用品，自己用自行车一趟一趟运过去，并约我母亲先去帮我照看孩子。就这样，总算在这个窑洞里开了灶，安了家。

那时候农村的生活条件十分艰苦，是现代城市人所无法想象的。就说每天用的水吧，必须得到村上的那口水井去挑，水井足有十几米深，须用辘轳把水绞上来才成，绞一桶水得费好大的劲。在村里，这些活儿都是大男人干的。我，一个产后不久的弱女子，一担六七十斤重的水，常常压得我喘不上气来。一天早晨，天刚蒙蒙亮，乘着孩子还没有醒来，我就赶紧去挑水，谁知不慎扭伤了腰，疼痛难忍，半个月展不起身来，但还坚持上班。生活中的重重困难接踵而来，担水劈柴，吃喝拉撒，柴米油盐，我得全部考虑。在口粮上，我属国家工作人员的供应标准，每月28斤，大都是粗粮，只有20%的白面，还得抽休息时间到10里以外的段村镇粮站去买。我骑着自行车在坎坷不平的土路上往返，常常累得汗流浃背。女儿和母亲是农村户口，没有供应的粮食，短缺部分就得求人到“黑市”上去高价买。因为当时自由市场被取缔，人们只得偷偷摸摸地在某个地点（当时人们称此为“黑市”）交易，倘若被公家管理部门的人发现，不仅要没收你的粮食，还要给你扣上“投机倒把分子”的帽子。买回点高粱、玉米来还得自己去磨成面粉。磨面要抽晚上的工夫到村里的电磨上自己去磨。当时我家经济比较困难，就我每月34元的工资，负担这个家的全部生活费用，有时还要接济亲友。当时，不用说没有钱，就是有钱，在那个物资十分匮乏的年代，生活也相当艰难。使我感到欣慰的是，我所教的那些初中学生对我很有感情，他们经常来帮我的忙。耿义汉同学见我腰疼不能挑水，就主动帮我挑水；李七十同学利用星期天时间上山打柴，为我砍了一担柴送来，足够我烧一个冬天。学生们懂得尊重、爱护、关心和体谅我，使我很受感动，也使我从中得到了莫大的安慰。时至今日想起他们，我都对他们怀有深切的感激之情。

1968 年的夏天，"文化大革命"发展到了造反派大闹派性、大搞武斗的地步。山西省的造反派分成两大派，大部分群众也卷了进去。两派之间的斗争越来越激烈，从辩论发展到互相毁谤，互相攻击，以至武斗不断。动不动就"批判""打倒""砸烂"，把所谓的"走资派""五类分子"（地主、富农、反革命分子、坏分子、右派分子）"阶级异己分子""黑五类"（"五类分子"的子女）随意揪斗。当时极"左"路线盛行，我娘家的阶级成分被说成是富农，婆家为上中农，公爹是小业主，被说成是资本家。所以，尽管我努力工作，工作成绩突出是大家有目共睹的，但却得不到公正的待遇。这对于一个满怀热情、积极上进、一心想做出一番事业的年轻教师来说，心理上所受的打击是可想而知的。

在这种恶劣的形势下，学校的一切工作几乎都处于瘫痪状态，正常教学秩序已全被打乱。当时，我一方面自己有哺乳的孩子，没有时间和精力去参加这些"革命造反"活动；另一方面对这种没完没了的"斗争"不感兴趣，我不愿意去伤害那些无辜的人们。尽管如此，我还是免不了遭受一些打击和欺负。这不，村里一个贫下中农出身的电工就明着欺负我。那次他收电费时，我屋里用的明明是个 25 瓦的灯泡，他非要我按 40 瓦的交费。我和他讲理，他气势汹汹地骂道：“你一个富农崽子还敢和我争辩？”还扬言要剪断我的电线。我气愤极了，就和他争吵起来。邻居们实在看不下去了，出来指责他说：“富农怎么了？毛主席、周总理家还是富农哩！”那家伙遭到众人的指责后，嚣张的气焰才逐渐收敛下去。后来，我父亲从灵石回来，我向他诉说自己受人欺负的委屈，他安慰我，教我学会忍辱负重。他告诉我说：“孩子，你要记住：‘宁惹君子，不惹小人。’对这样的小人，我们忍一忍就是了，一切总会过去的。”多少年来，我一直铭记着父亲的这些有益的教诲，也渐渐地养成了忍辱负重、低调处世的性格。

以后，我成了“逍遥派”。不参加任何派性斗争，每天只坚持给学生上好课。当时我校的好些班级已经混乱得上不成课了，学生们放任自流，甚至造老师的“反”，教师不能正常教学。全校只有我带的那个班，每天还能坚持上半天的课，这也许是学生们出于对我的尊重，对我平素赋予他们爱的理解吧！这样，我就可以把其余的时间用于喂养孩子，操持家务。同院邻居郝阿姨是个裁缝，我虚心向她求教，学会了一手缝纫本领，这为我以后勤俭持家，在经济条件并不富裕的情况下养育三个孩子带来了许多方便。那年，恰好我父亲从灵石买回一台缝纫机来，我硬是自己一个人看着说明书把机器组装起来，业余时间就学习缝纫。缝制的第一件作品就是一条花色的条绒背带裤子，那是给女儿做的。嘿！她穿上还蛮合适的，我心里很高兴，很有成就感，因为之前我从来没有做过针线活呀！之后，我还学会了裁剪和缝纫上衣和裤子。过年时为家人和亲友缝制衣服，既省钱又省料。我还学会了为丈夫和孩子手工做鞋子，学会了绣花。前些天，我还从柜底找出了一个当时我为女儿做的围嘴儿，上面绣着一朵漂亮的配有绿叶的牡丹花，左上角还绣有一个“忠”字。你们看，还有时代的烙印呢！如此一来，在那段艰难困苦的岁月里，我倒是学到了一点实用的生活本领！

1968 年 8 月的一天中午，我刚下班回来，天气突然变得阴沉起来。顿时，天空乌云密布，屋子里骤然暗了下来，接着就是一阵狂风暴雨。当时我和母亲正在屋子外边的露天火灶上，拉着风箱做午饭。瞬间，大雨就将我们的锅灶淋得一塌糊涂。一时间霹雳声震耳欲聋，天塌地崩一般。我紧紧地搂住女儿，生怕那可怕的雷声和闪电使孩子受到惊吓，黑暗的天空向地面倾泻着大雨，不一会儿，院子里的积水就快要漫过门槛、流进屋子了。紧接着又一阵狂风袭来，暴风雨夹着榛子般大的冰雹，噼里啪啦地从天上摔下来，打在人的头上就是一个包。一会儿，地面上就积了厚厚的一层雪白的冰雹，我活了那么大好像还是第一次见到这么凶猛的暴风雨。骤然，无情的暴风雨又向我们屋子的窗户袭来，顷刻间，狂风和暴雨就撕毁了窗户上糊的麻纸，雨水夹着冰雹像子弹一样噼里啪啦地打进屋子里，炕上地下全是水，炕上铺的毯子和油布很快被雨水打湿了，怎么办？此时的我就是家里的顶梁柱，我不能有任何的畏惧和退缩，我必须保护好自己的母亲和女儿，保护好我们这个家。我急忙让母亲抱住孩子，自己揪了块大床单，踩了个高凳子就爬到窗户的高处，试图用床单挡住雨水和冰雹的袭击。不料又是一阵电闪雷鸣，叫人胆战心惊。霎时间，我的头发和衣服全被雨水浸透，紧接着又是“噼啦”一声爆炸般的惊雷，突然我感到一阵发麻，疼痛从手臂一直传到肩及全身。“糟糕！我可能遇雷击了。”一闪念，我一下子从高凳子上掉了下来。母亲措手不及，孩子吓得哇哇直哭。幸好没有造成大的人身损害，我马上也就清醒了。我一边安抚母亲和孩子，一边赶快想法子收拾这“残局”。事后，母亲说，她不知道身体瘦弱的我，哪来这么大的勇气和胆量，能够如此无畏地对付这场突如其来的“浩劫”。

这场狂风暴雨是本地区多年不遇的自然灾害，给当地人民的生命财产带来严重损害。长势良好的庄稼被冰雹打得稀巴烂，不少农田被冲毁了，牲畜也损失了不少，有房屋倒塌，还有人员伤亡。我们村子里就被洪水冲走了一个小孩和一个羊工。

这次洪灾过后没过几天，女儿就生病了，她开始发烧，我以为没多大事，给她吃了点“婴儿安”，可是药没有生效，女儿仍然高烧不退，而且，我发现她还起了一口白色疱疹状的东西，她疼得连奶也不能吃，我只能用勺子喂她一点点糖水。她在我怀抱里疼得直哭，我着急了，母亲更是急得不知所措。因为她一生共生过五个孩子，就养活大了我和哥哥两个，其余三个都是在几个月上就夭折了。我没有育儿经验，学校年长的孔校长告诉我，孩子发高烧容易引起脑膜炎、抽风等疾病，应该重视，赶快到医院去看看。听了他的话，我心急如焚，就让母亲在家里看门，自己一个人抱着女儿直奔公社（乡）医院。

医生诊断说孩子患的是肺炎，口腔里的白色疱疹叫“鹅口疮”，必须马上住院治疗。我原来以为在医院打个针、开点药就行，没想到还得住院，所以一点心理准备都没有，我不由得六神无主、手忙脚乱起来，但很快又镇定下来，心想，不管怎样，孩子要紧，就马上住院吧。住院后，医生决定立即给孩子输液治疗。我抱着孩子，护士在孩子的头部找血管扎针输液，结果没扎准，孩子疼得哇哇直哭，又在头部的另一边重扎。女儿痛苦的哭声，让我揪心，使我难过，不由得我也哭了……液体一滴一滴滴入女儿细嫩的血管里，泪水一点一点流到我伤痛的心窝里。那时整个社会医疗条件都很落后，农村更差，病情很重的人才给输液，一般的病是不会输液的。我活了那么大都没有输过液，女儿才几个月就输液。我心里更加忐忑不安：莫非我女儿的病会很重？女儿不会出什么事吧？我的心理负担更重了，不知如何是好。此时我感到自己是如此的无助，我又想到了远方的他：丈夫啊，你可知道我们母女现在是多么需要你呀！这时的我，多么希望能有个人帮我一把，为我排忧解难，分忧解愁，哪怕是一句安慰的话也好，可是没有。

在医院里，我遇到了范村我婆婆家的一位邻居。我托他给婆婆捎个口信，希望她能来看看。下午，婆婆来了。她带了点干馍馍片来，可以泡在开水里吃。晚上，她和我一起在医院照看孩子，这使我得到了一丝安慰。夜里她睡在那里直打呼噜，我却守着女儿一夜没有合眼。

经过两天的输液治疗后，孩子慢慢退烧了，精神也渐渐有所好转，我稍微松了一口气。但是她满嘴的“鹅口疮”还是不见好，仍然疼痛得不能吃奶，口水不断地往外流，而公社医院的医生对此也没有什么好办法。我的心情又阴郁起来，孩子不能吃奶怎么行呢？我到处打问治疗这种病的良方。那天中午在医院食堂吃饭的时候，梁家寨村的一位姓梁的大叔，他听到我焦急地向人们诉说女儿的病情，探求治病良方，又看到我心急如焚而又无助的样子，慈悲心大发，就主动对我说：“我家里有点儿治‘鹅口疮’的药，是当年日本人在时留下的，回头你可以到我那里去取。”

“多谢大叔了！”我感动得半天说不出话来，眼睛也有些湿润了。我好感激这位素不相识的大叔啊！豁然感到女儿的病有了救治的希望。

下午，我安顿好孩子，自己跑到梁家寨村找那位姓梁的大叔去取药。梁家寨村在卜宜公社（乡）南端的一个山梁上。村子不大，只有三四十户人家，爬上一个很陡的山坡才能进到村子里，交通非常不便。我想这大概就是当年抗日战争期间，日本人能在这里藏住的原因吧。我推着自行车一口气爬了上去，已累得气喘吁吁，汗流满面，可我哪里还能顾得上擦汗，只顾急切地打听着找到梁大叔家。

大叔的家是个普通的农家，看上去家境并不富裕。他见我满头大汗，就给我倒了碗白开水喝。然后他从柜子顶上的一个旧箱子里翻出一个布包，包里裹着一个木头盒子。他打开盒子，取出一个纸包，纸包里面又是一个纸包……最后一个纸包打开了，只见里面是一些黄褐色的药面。他详细地告诉我如何把药面敷在孩子的口腔里，要敷三次才能见效。我非常感激，掏了10元钱表示酬谢，可是大叔推让着无论如何也不肯收。从他那淳朴善良的眼神里，我懂得了在寒酷的季节里也会有温暖，从他那真诚、友善的身上发出的光和热恰似一股暖流，辐射到我的血液里，温暖了我的心，照亮了我前行的路。后来我买了一些礼品专门去看望他，他成了我尊敬的长者和朋友，教我也具有了一颗慈悲的心。

从大叔家出来，暮色已深，天又下起了雨。我忙着往回赶，村外的那个坡，又滑又陡，我推着车子艰难地往下行。下了坡之后，天已漆黑了。泥泞的小路更加难行，路两边的田地里长着一人多高的高粱和玉米，路上没有一个人影，只能听到青蛙和蝉的叫声。我不免有几分胆寒，心里默默念叨着：可不要让我碰上歹人或狼，母亲和女儿还在家里等着我呢，我怀里还揣着为女儿治病的药呢！女儿可是我的命根子啊！于是我壮了壮胆，鼓起勇气，加快了前行的步伐。

回到家里，在昏暗的灯光下，我看见憔悴的母亲抱着生病的女儿在焦急地等待着我，期盼着我。我的衣服都湿透了，裤子和车子上沾满了泥巴。我不顾一切先上炕抱起女儿，就像盗回仙草来似的把药面从怀里取了出来，按照梁大叔说的方法给孩子先把药敷了上去，然后才和母亲收拾做晚饭。

第二天，孩子的“鹅口疮”果然有所减轻，口水也流得少了一些。这到底是种什么药？我到现在也搞不清楚，反正是这个药治好了女儿的“鹅口疮”。我那颗焦躁不安的心这才渐渐平静下来。可是母亲却因这次孩子生病劳累，又病倒了。我又得照顾母亲，还好，请村子里的“赤脚医生”看了看，服了点去痛片之类的药，她也就慢慢好了。

女儿自打这次生病之后到5岁之前，差不多每年都要生一次病。每次生病后的症状都是发高烧，不吃不喝，不拉不尿，怪吓人的。她每次生病总让我吃不下，睡不着。

1972年春节后不久，可能是因为忙于过节，饮食起居没有照顾好孩子的缘故吧，女儿梅又生病了。她还是和以前一样，发烧，不吃不喝，不拉不尿，只是迷迷糊糊地睡。幸好这时丈夫已从辽宁调回平遥火柴厂工作。丈夫请了王大夫来家就诊，王大夫说得马上输液或送医院。我照看着孩子，丈夫马上到公社（乡）医院按王大夫的药方去买药。到傍晚时分，丈夫才摸黑买回药来。给孩子输上液后，我俩轮流照看着。说实在的，这次女儿生病我虽然也很焦急，但是心里比过去踏实多了，就是因为有他在。半夜里，瓶子里的液体就快滴完了，但突然又不滴了。怎么办呢？丈夫又去问大夫。要现在的话，那不是很简单！自己把它拔掉就行了。可是当时的我们，缺乏生活常识，一遇到问题就措手不及。一周以后，女儿康复了。后来，女儿的身体慢慢地强壮起来，5岁之后，她就很少生病了，可爱的女儿一直在朝气蓬勃地成长着。

故事 4

带女儿到沈阳探亲

女儿已经 1 周岁了。

自从那次生病之后，我和母亲对她照料更加精心，生怕她再出什么毛病。还好，小家伙应该还算是茁壮成长，三个月翻过身，六个月坐得住，九个月会爬行。这个时候的梅更加招人喜爱了，她那双亮堂堂的大眼睛是那样的动人。她见了人就嫣然一笑，然后咿咿呀呀地叫个不停，好像在和你友好地打招呼。她还学会了不少本事，能摇头晃脑地用指头指点自己的嘴巴、鼻子、眼睛、耳朵在什么地方。她还能指着电灯叫“灯灯”，叫“姥姥”“奶奶”等叠词，“妈妈”“爸爸”叫得更是甜美。看见我下班回来，她就会笑嘻嘻地“妈妈、妈妈”地叫着凑过来迎接我，然后一头扑向我的怀抱，撩开我的衣襟找奶吃。每当此时，一种做母亲的欣慰感和幸福感就会在我的全身涌动，家里也会增添几分温馨。

让人遗憾的是，女儿虽然经常嘴里“爸爸、爸爸”地叫着，却还不认识她的爸爸。因为丈夫自女儿 40 天的时候离家奔赴工作岗位，到现在已经快 13 个月了，他还没有再见到自己的女儿呢！只是在孩子 8 个月大的时候，我带着她在县城参加全县教师统一集训，专门到县城照相馆给女儿照了张坐着的单人相片给他寄去。他收到照片后来信说，看到女儿的那张照片，心里高兴极了，拿着照片让朋友和同事们传看。他这样写道：“说真的，我脑海里的女儿一直还是她出生40天时的那个模样，没有想到小家伙都长这么大了，而且变得这么可爱。我心里那股喜悦和自豪劲是难以言状的，我还看到了在孩子的身后有一个隐隐约约的身影——那是我亲爱的妻子你的影子呀!”那次，我母亲不辞劳苦，跟着我到县城帮我照看孩子。集训结束后，我和母亲、女儿一起到照相馆合影留念。然而，让我没想到的是，这张照片竟成了我们血脉相连的祖孙三代人唯一的纪念……

1967年，由于“文化大革命”运动的影响，各地的党政机关的正常工作秩序被打乱，工作瘫痪，遗留问题成堆，致使全国1966年、1967年两届大中专毕业生没有能够按时分配。1967年8月，中央关于大学毕业生分配的文件下达后，辽宁省革命委员会筹备委员会，组建了由省军区牵头，省革委办公厅、省计划委员会、省教育厅、省人事局等单位的工作人员参加的“辽宁省毕业生分配办公室”，专门负责大专院校毕业生的分配工作。丈夫作为省人事局的工作人员，被抽调到了毕业生分配办公室工作。1968年9月，丈夫本来准备请假回家探亲，他已经整整一年没有回家探亲了。但因他们工作任务繁重，其他单位抽调来的同志对调配业务又不熟悉，而他原来就是搞人事调配工作的，所以领导不想让他回去。但又觉得他一年多没有回家探亲，不让回去也不近人情。于是领导就说:“还是拍个电报，让你爱人来沈阳吧。”

我拿着丈夫发来的电报，向校领导请假。校领导考虑到东北路途遥远，所以把秋忙假、探亲假合起来，批准了我一个月的假期。我心里又高兴又感激，赶快回家收拾东西，准备带女儿到沈阳看她爸爸。因为丈夫的电报上写着：“28日前到沈阳。”所以，我最迟得在9月28日赶到沈阳。

9月26日，天刚蒙蒙亮，孩子的二叔从范村送我和女儿到平遥火车站。二弟骑一辆破旧的加重自行车，后椅架的旁边用绳子绑了个筐，把孩子和要带的东西放进筐里，我坐在车的后坐椅上。二弟胆子大，为了赶时间，他带着我们母女俩在那坑坑洼洼而又狭窄的土路上风也似的往前驶，让人担惊受怕，生怕他骑得太快太猛摔倒了把孩子摔着。不过还算顺利，我们一个多小时便赶到了平遥火车站，赶上了开往太原的火车。

到太原火车站以后，我办理了转乘手续，下午 3 点多坐上了开往北京永定门火车站的一列慢车。车上很拥挤，我们母女俩共坐一个硬座位。在火车上恰好遇到一个熟人，她也是去北京，正好与我同行。因为女儿当时还站不稳，没有学会走路，总得有人抱着才行，这样必要时她可以帮我照看一下孩子。夜幕降临了，列车在漫长的黑夜里“咯噔咯噔”地往前行驶着，女儿在我温暖的怀抱里一直酣睡着，脸上还不时露出一丝甜甜的微笑，那可能是她在做美梦。可是我却整整一夜没有合眼，一会儿看看表，一会儿弄弄孩子，希望火车能开得快一些。直到第二天清早 5 点钟，火车终于到达了北京永定门火车站。

北京的清晨凉气袭人！还没下车的时候，我身上就觉得凉飕飕的，赶忙脱下自己身上的棉衣裹住了女儿，生怕她着凉了。要说，走之前我们已经给孩子以足够的武装：我和母亲赶着给她做了件花棉袄，婆母给找了个旧的棉连脚裤（婴儿穿的一种裤子，裤脚不开口，包住脚底），还买了顶前面带有绒毛的棉帽子。我抱着孩子，拎着包裹下了车，走进候车室，问询车站工作人员什么时候能有到沈阳的火车。那位戴红袖章的女同志热情地告诉我说：“今天这里没有到沈阳的火车，早晨 7 点有从北京站到哈尔滨的一趟火车，途经沈阳。你可以到车站北边的停车场乘公交车或出租车到北京站。”我看了看表，哎哟！时间蛮紧张的。那时我对北京一点也不熟悉，只是两年前到沈阳探亲时途经了一下。打个出租车吧，又觉得费用太高，所以还是辛苦些乘公交车吧。于是，我抱着孩子走出了候车室，刚出门，一股寒风迎面袭来，我冷得直打战。我想可能是由于一天多没有好好吃饭，肚子里空荡荡缺乏热量来源的缘故吧，就抱着孩子拐到候车室隔壁的小饭馆里买了一碗热蛋汤和两个烧饼充饥。我和女儿喝了碗蛋汤，吃了一个烧饼，我将另一个烧饼塞进包裹里，就拎着包裹，抱着孩子匆匆忙忙去寻找到北京站的公交车了。

在北京站的候车厅内，我排队办理了中转手续之后，离开车时间只有十几分钟了，我心里好着急啊！心想：无论如何也不能误了这趟到沈阳的火车。我赶快抱起孩子拎上包裹准备乘扶手电梯上楼进站台。这是我第一次见到扶手电梯，看见那么多人站上去，连续不断地往上运行，觉得既新奇又兴奋。于是三步并做两步跑到了扶手电梯跟前，正准备乘它上楼，不料车站工作人员却毫不客气地将我拦住，他十分严肃地对我说：“为了安全，请你到那边乘老人小孩专用电梯上楼！”

“什么！我都快误点啦！”我很着急地说，求他放我上去。一位好心的男旅客看见这种情形，也想帮我一把，他主动对那位工作人员说：“不要紧，我可以帮她抱上孩子。”可是那位工作人员就是不放行，我只好回头去找那个“老人小孩专用电梯”。其实，所谓的老人小孩专用电梯就是现在的那种全封闭的电梯。我急急忙忙找到那专用电梯，上了楼，跑到站台上。这时，开车的铃声已经响了，一位年轻漂亮的女列车员正准备关锁车厢门。她见我跑得满头大汗，怀里还抱着个孩子，一边招呼我赶快上车，一边用同情中带点责备的口吻说：“马上就要开车了，你怎么现在才赶来？”我一上车，“啪”的一声，车门就锁上了，开车的汽笛鸣响了。

我简直像经历了一场激烈的战斗似的，汗流满面，头发都湿透了，但总算赶上了这趟能到沈阳的火车。我站在车厢门口一看，整个车厢里满满当当全是人，根本没有座位，还有不少人是站着的。我只好把包裹就地放下，抱着女儿倚靠着卫生间的门墙，站在那里喘口气。心里倒觉得还是挺幸运的，不管怎样，我总算赶上这趟火车了，否则的话，我何时才能到了沈阳？我准备坐在自己的包裹上抱着女儿就地歇歇脚，忽然听到那位年轻漂亮的列车员同志响亮而清脆的声音:“哪位旅客能为这位抱小孩的妇女让个座!”她指着我和女儿向车厢里的乘客说，仿佛是在动员乘客们，又像是在为我和女儿求情。我看着她，心里充满了感激之情。她的话音刚落，一位年轻英俊的解放军同志就站了起来，笑吟吟地为我让座。我感动得不知说什么好，带着满脸的笑容连连点头致谢，半天才说出一句:“实在太感谢了!”回头又教女儿说:“乖乖，快谢谢这位解放军叔叔！谢谢这位乘务员阿姨!”女儿很听话，她笑嘻嘻地把两只小手拱在一起，向那位解放军同志和乘务员又是点头，又是作揖，嘴里还不停地念叨着:“谢谢！谢谢!”逗得那位乘务员和解放军同志以及周围的乘客都笑了起来。在以后的长达十几个小时的旅途中，女儿成了周围乘客们的“开心果”。

晚上8点40分，列车到达沈阳站。我和女儿与周围的乘客朋友们道别下了车。我抱着女儿走到出站口，看见很多接站的人个个都踮起脚尖，在出站口走出来的人流中寻觅着自己的亲人或客人。我多么希望这些接站的人之中有一个就是我的丈夫！我站在那里仔细扫视着接站的人们，可是没有他。我有些失望，就随着熙熙攘攘的人群往出走。走到出站口，在出站口外面四处张望，希望能在川流不息的人群中看到他，但还是没有。我心里有些着急，心想：他怎么能不来接我们！这让我怎么办呢？这时女儿已经睡着了，使我抱起来很费劲。这时的我，多么希望在这个陌生的地方能看到自己的丈夫，或者一个别的熟人也好，可是没有，这下子我彻底失望了。

他在哪里？我怎么找他？我不知道他现在这个工作单位的详细地址和电话，只知道由于“文化大革命”运动的干扰，他们已经不在原来的地方工作了。我想起了他上一封信上写给我的乘公交车的路线：在车站乘21路电车，到粮食局站下车后，看到附近有一个大烟囱，再走一段路，就可以到他们毕业生分配办公室了。我按照丈夫信上说的路线，抱着已经睡熟了的女儿，拎着包裹，到车站的东南边挤上了21路电车，到粮食局站下了车。尽管东北的夜晚寒气袭人，但我还是满头大汗。看看自己的手表，已经是晚上9点多钟了。这里路灯昏暗，行人稀少。我看见马路对面不远的地方是沈阳电力学校。一会儿，就看见几个女学生说说笑笑向学校大门口走去，我就凑过去向她们打问到辽宁省毕业生分配办公室怎样走，她们都说没有听说过这个单位。我进一步说到附近有一个大烟囱，她们笑着说：“沈阳是个重工业城市，你看，到处都有大烟囱哪！”我又恳切地对她们说：“我是从山西来探亲的，我爱人在辽宁省毕业生分配办公室工作，我抱着孩子在路上已走了整整两天了，恳求你们帮我打问打问，要不我和孩子今晚就得露宿街头了。”我一边用衣袖擦着额头上淌下来的汗水，一边恳请她们设法帮帮我。她们见我愁容满面，还抱着个孩子，疲惫不堪，深表同情，就说：“你在这里等等，我们到传达室那边帮你打问一下。”我十分感激地说：“真是太感谢你们了！”

我在电力学校大门外的台阶上坐了下来。我好后悔啊！我为什么要兴致勃勃、千里迢迢、不辞辛苦到这里来呢？今天就是9月28日，他电报上明明写的就是这个日子呀！他为什么不来接我们？莫非他真的忘记了我们来的时间，或者他有什么更重要的工作要做？还是他生病了？我不想再想下去……

我焦急地等待着那些好心的姑娘们帮我打问的结果，眼睛不时瞅着学校的那两扇大铁门。一阵冷风卷着一股尘埃吹来，在那昏暗的路灯下，我紧紧地搂着熟睡了的女儿，脱下自己的外衣给她盖上，心里总担心孩子着凉。过了好大一阵子，也不见她们的人影，我心里想，大概这一点希望又要破灭了。于是我抱着孩子站起来，准备到学校的传达室里看看。忽然，她们之中的一位姑娘兴冲冲地朝我跑过来了，她告诉我说："你在这里等着吧，你的爱人一会儿就会到这里来接你的。"

"是真的？"我简直不敢相信自己的耳朵。

"是真的！"她郑重地重复了一遍。

原来，她们回到学校传达室半天也打问不到这个单位，就打电话问询沈阳市电话总局，总局经过查寻说辽宁省毕业生分配办公室是个新成立的单位，现在办公地址是在原来的省妇联，并告诉了她们省妇联的电话。她们又把电话打到省妇联，接电话的同志很热情，一听这情况，就说："从山西来的！我们知道这回事，我们会马上转告她爱人去接她，请你告诉她，让她在那里等着。"

我抬起头来长长地舒了一口气，喜出望外，满面的愁容顿时散去。我抱着孩子站起来感激地向这位身着蓝色制服、胸佩一枚金色的毛主席像章的女学生深深地鞠了一躬，说："你们真是活着的雷锋，我真不知道该怎样感谢你们！"说着，从包裹里掏出从老家带的新鲜红枣让她带着，以表示我的心意。她连忙笑着摆了摆手说："不要，不要！这是我们应该做的。"说着就向学校大门口跑去了。我望着她那远去的背影，一股崇敬和感激之情油然而生。心想，人家这些学生才是真正的“活学活用毛主席著作”的模范，真正的学习雷锋精神的模范呢！又想，我们今天算是走鸿运遇上好人了，要不，今天晚上我们母女俩不知会是何等的狼狈呢！

等了不到半个小时，丈夫和他的同事老邹就匆匆赶来接我们了。

老邹连忙上前帮我拎上包裹，我抱着酣睡的女儿，丈夫呢？竟然不知道自己该怎么做，只知道一股脑儿往前走。还是老邹提醒了他，朝他直嚷：“王柯，你怎么不帮你爱人抱着孩子？”他腼腆而不好意思地说了句：“我还不会抱孩子呢！”不过还是很勉强地把孩子从我怀抱里接了过去。他抱起孩子来是那样费劲，那样笨拙。一路上，老邹一股劲儿地为他开脱，对我说：“王柯今天白天已经到火车站接了你们两次啦！”

丈夫接着老邹的话茬说：“我昨天就跑了两趟火车站，没有接到你。今天白天又跑了两趟火车站，还是没有接到。心想，你带着孩子，不会晚上来的。白天跑得有点累，晚上想早点睡，没想到刚躺下，老邹就急促地叫我：‘王柯，王柯，快起来吧！你爱人来啦！在电力学校门口等着呢！’我一骨碌爬起来，就和老邹跑来啦！”丈夫一边费劲地抱着还在熟睡的女儿往前走，一边以一种带有解释和开脱性的语调对我说。

“你怎么就不预先告诉我你们是在省妇联办公呢？”我埋怨道。

“‘文化大革命’闹起来，省妇联的牌子早就没有了。”他解释说。

回到他的宿舍时，已经是 11 点多钟了。老邹寒暄几句后也很快就回去休息了。屋子里只剩下我们一家三口。我俩把女儿轻轻地放在床上，给她脱去外面的衣服。大概是因为白天在火车上兴奋和累的缘故吧，小家伙竟然睡着一直没有醒来，躺在爸爸的床上睡得还是那么香，那么甜。脸上还现出一丝甜甜的微笑。丈夫趴在床上仔细地端详着他的女儿自言自语道：“圆圆的脸盘像妈妈，大大的眼睛、高高的鼻梁像爸爸。”再摸摸小胳膊、小手、小腿儿和小脚丫说：“我女儿都长这么大了！都是你的功劳啊！”然后他抬起头来深情地望着我。从他的眼神里，我能看得出，此时一股幸福的暖流荡漾在他的全身。于是他爬起来不顾一切地将我紧紧地拥抱……

一会儿，他说：“今天你一定流了好多好多的汗水，对吧！你实在是太辛苦了。”

“你是怎么知道的？”我问。

“因为你的额头和脸蛋都是咸的。”他调皮地笑着回答。

这时的我们沉浸在快乐和幸福之中，一种归宿感、幸福感占据了我们的整个心灵。一切怨恨和劳累都化为乌有，两颗善良、纯洁、真诚、火热的心一起在幸福的海洋里搏动着。

第二天一早醒来，女儿看见一个陌生的男人睡在她身旁，便用一种疑惑的目光怯生生地打量着他。然后迅速地爬到我的怀里，一声不吭盯着他。我抱起她来指着丈夫对她说：“宝贝儿，这就是妈妈经常指着照片教你叫‘爸爸’的那个爸爸呀。快叫‘爸爸’！”丈夫伸手想要抱她，可她怎么也不肯让他抱，只是趴在我身上紧紧地搂着我的脖子不放，看着他不说话。不过，不到两天的工夫，女儿就和她爸爸渐渐地熟起来，“爸爸、爸爸”地叫个不停，还要爸爸抱着她到院子里的大树下捡树叶玩，但是一到晚上就必须要妈妈。记得那次丈夫他们办公室发了文艺演出票，丈夫因我平时在老家农村一般看不上这种大型文艺演出，自告奋勇地要求晚上他看孩子，让我和他们办公室的一位女同志小杨一起去看演出。那次我看得确实很开心，可是回到屋子里一看，好家伙！一片狼藉：床上被褥乱七八糟地摊着，撕毁的画报、奶瓶、茶杯、饼干、啃过的苹果、小勺及丈夫的剃须刀全都乱扔在那里；地下，凳子、椅子都不在位，孩子的布娃娃也朝天躺着……丈夫抱着孩子倚着床头半躺在那里，见我进来，连忙摆手向我示意不要惊醒孩子，他哭笑不得地说："啊呀！你一走，她就哭闹着要妈妈，我怎么哄她都不成。坐着不行，躺着不行，抱起来在地下游走还是不行。我真是没招了，把所有能玩的东西都拿出来让她玩都不成。这不，她哭闹累了，刚刚才睡着。"

国庆节那天早晨，我们还没有起床，看门房的王大爷就来敲门了。丈夫以为有什么急事，赶忙去开门，没想到，原来是王大爷端着一大碗热腾腾的饺子给我们送来了。60 多岁的王大爷老家在山东，年轻时家里很穷，遇上灾荒，更是穷困不堪。当年闯关东只身来到东北，历经千辛万苦。新中国成立以后，生活总算有了保障，但他年岁大了，身边没有亲人，自己又没文化，所以生活中有时总不免有些困难。丈夫对他很尊重，还经常帮助他，比如帮他给远在山东老家的女儿写封信啦，帮他处理一些生活中的困难啦。这次见我们母女远道而来，一家团圆，老人家也很是高兴。今天是国庆节，老人早早起来一个人包好饺子给我们送来，我们怎么能不感动呢？我在沈阳探亲期间，丈夫一天到晚忙于工作，根本顾不上陪我们母女，就是这位王大爷陪着我和女儿到中山公园去观园景、看动物，到附近商店去购物，我们相处得就像一家人一样。

我们母女的到来，还给丈夫他们单位的同事带来了欢乐和生气。当时，“文化大革命”还在轰轰烈烈地进行，沈阳三大派之间还在激烈争斗。但是省毕业生分配办公室不参加“文化大革命”活动，不讲派性，各单位在这里工作的同志和谐相处，这里俨然一个世外桃源。大家对我们母女热情相待。从军区抽调来的解放军战士小于第二天就给女儿送来一个大大的毛主席像章，别在她的胸前，逗她玩。小于还带给女儿一个红红的大苹果，女儿高兴地用两只胖乎乎的小手抱起大苹果放到嘴边一啃，苹果就骨碌碌地跑掉了，然后她笑着急忙再去抓那个心爱的红苹果，抓回来再一啃，苹果又跑掉了。小于个子高，力气大，他将女儿抱着高高举起，小家伙乐得咯咯地笑起来，举一下，她就咯咯地笑一通。看到女儿那稚气、可爱的表情，大家乐得哈哈大笑起来。

我们和大家一块儿在机关的那个不大的食堂里就餐。食堂里的饭菜还是蛮不错的，有馒头、大米饭、炒菜，一周还吃两次鱼，偶尔还能吃顿饺子。这对我和女儿来说，算是天天改善生活了。因为我们在家里是吃不上这些大米呀鱼呀的。女儿倒很能适应这儿的生活，她在这之前从来没有吃过鱼，但在这儿吃得津津有味，而且消化得也特好。那时，“文化大革命”已经更加深入地向前发展了，时任中共中央副主席的林彪正在全军和全国人民中大搞“四伟大”“三忠于”，大树特树毛泽东的绝对权威。所谓“四伟大”，就是“伟大的领袖、伟大的导师、伟大的统帅、伟大的舵手”，“三忠于”即“忠于毛主席、忠于毛泽东思想、忠于毛主席的无产阶级革命路线”。大家天天都在学习毛主席著作，学习、背诵毛主席的“老三篇”（《为人民服务》《纪念白求恩》《愚公移山》），学习毛主席语录，唱毛主席语录歌，跳“忠”字舞。人人都随身携带一本封面为红色塑料皮的《毛主席语录》。为了表示对毛主席的忠心，每天吃饭前，大家还要一起喊口号。

具体来讲，就是大伙儿恭恭敬敬地站在毛主席的挂像前，右手举起红色的《毛主席语录》有节奏地挥动着并齐声朗诵:“敬祝伟大的领袖、伟大的导师、伟大的统帅、伟大的舵手毛主席万寿无疆！万寿无疆！”做完之后，大家才坐下来吃饭。女儿梅这时是最活跃的一个。她和大家一起站在那里，小手挥动着红色的语录本，嘴里大声叫喊着:“万！万！万！”完成之后，就和大伙儿坐在一起美餐一顿。天天如此，对她来说好像形成了条件反射。她十分喜欢这样做，因为她觉得这样既热闹，又能吃上好吃的东西。在这期间，我还为大伙儿做了一顿山西风味的面食——平遥掐疙瘩，大家吃得很香，也很高兴。

团聚的日子过得特别快。在沈阳探亲的一个月期间，丈夫没有陪我逛过一次商店，也没有带我和女儿到公园和风景名胜区玩过一次。他白天总是忙忙碌碌地工作，只有晚上下班回到宿舍，才能感到我们一家三口在一起的时光是何等的惬意！我俩可以自由自在地一边逗着可爱的女儿，一边谈天说地，谈古论今。从国家大事到家务小事，无话不谈。我们谈理想，望前途；谈未来，望前景；谈苦乐，诉衷肠。此时，小小的屋子里就会充满快乐、充满幸福，不时传出一阵阵爽朗而欢快的笑声。这时候，我们才会深深地感受到这片小小的、温馨的天地是属于我们的。

一个星期天，我们决定一家三口到照相馆照个相，做个留念。我俩带着女儿挤公共汽车来到繁华热闹的太原街，找到当时沈阳有名的红卫照相馆。来这里照相的人可真多啊！我们先在一楼交了费，然后到二楼排队等候。我带女儿在二楼靠窗户的一个长凳子上坐下来。女儿生性活泼，精力充沛，高兴得手舞足蹈，一会儿手扶长凳走来走去，一会儿又爬在凳子上，从凳子上爬到了窗台上。东北的深秋已经很冷，两扇窗户紧闭着。她又在窗台上站起来托着窗户使劲往外推。我原以为窗扇是关死的，没料到那个用了多年的破旧插销已经失效了，只听“啪”的一声，两扇窗户突然被推开了，眼看女儿就要随着掉下去了，我一把抓住孩子裤子上的背带这才将她拽了回来。好险啊！我惊出了一身冷汗，女儿吓得哇哇地哭叫，惊呆了在这儿等待照相的人们。事后，我和丈夫觉得很后怕，心想：要不是将孩子一把抓住，后果真是不堪设想了。也许是由于这个缘故，那次照相并没有照出我们的精神风貌和一家三口其乐融融的状况。

转眼间，一个月的假期就要结束了，我和女儿准备返程了。这次，丈夫预先为我们买好了一张有座位号的火车票。一个月里，女儿的体重增加了2斤多，她还学会了自己迈步慢慢走路，话也学会了不少，特别是和她爸爸的感情大大加深了，爸爸一回来，她就迎上去搂着爸爸的脖子，小嘴凑上去亲吻他的额头，两只小手触摸着他那浓密的黑发，非要给他把头发弄得乱七八糟不可。我的身体也有了一定的恢复，胖了点，脸上的妊娠斑也退了不少，显得比较白净了。只是那种依依惜别的惆怅又悄悄地向我们袭来，这一别谁知何时才能再相会。他告诉我说，等我们母女走后，他准备到“五七”干校去学习锻炼（毛泽东在1968年5月7日发了指示，号召机关干部、知识分子学工、学农、学军，接受工人阶级和贫下中农再教育，所以各地都成立了“五七”干校），先在干校学习和锻炼一段时间后，寻找机会调回山西工作，解决我们长期分居的问题。谁知这一去他就在辽宁省“五七”干校（干校在辽宁盘锦地区农村）待了整整3年。当时的所谓“走资派”、机关干部几乎都在那里进行劳动改造，接受再教育。所以他在那里也跟着吃了不少苦。

临走前，我默默地为他拆洗了被褥，整理了衣物。这几天，我总是絮絮叨叨叮嘱他在以后的日子里一定要自己照顾好自己，花钱不要太节省，到了干校生活艰苦，干活一定要量力而行，注意安全。他总是说:“你放心吧，我还年轻，比起那些老同志们来，我应该是没有问题的。”

10 月 29 日傍晚，我和女儿就要回去了。我向王大爷他们道了别，丈夫准备乘公交车送我们母女到火车站。没想到晚饭后，丈夫他们办公室的领导和同志们都来为我们送行了，他们开来了一辆军用吉普车，准备送我和女儿到火车站。我和丈夫既高兴又感激，一时不知说什么好。他们有的帮着提东西，有的帮着抱孩子。解放军战士小戚把女儿梅高高举起来，大声说:“大家快来再看一看小柯吧!”又对孩子说:“宝贝儿，快和大家说‘再见’呀!”女儿高兴地举起两只小手，向大家频频招手，好像是在热烈欢呼，嘴里还不停地叫唤着:“再见！再见!”

告别了热情为我们送行的人们，我们上了吉普车。一同到车站送行的解放军战士小戚、小于等同志，把我们送到车站的贵宾室，准备从贵宾室里送我和女儿上火车，当时军队的威望就是比较高。这是我第一次进入贵宾室，像是刘姥姥进了大观园——长了见识。好多年以后说起这件事，心里还觉得怪荣耀的。

开车的铃声响了，丈夫抱起女儿深深地亲吻了一下她的小脸，然后依依不舍地离开了车厢。

故事5

艰难岁月母子情深

1969年春，我怀上了第二个孩子。

妊娠3个多月的时候，我就感觉到肚子里的胎儿动得比较厉害，四五个月时，胎儿在肚子里动得就更厉害了，和上次怀女儿时的感觉不太一样，我猜想，这次我可能怀了个男孩。妊娠6个月时到公社（乡）医院检查身体，医生说：“你的胎位不正常，属于臀位，生产时会出危险。”陪我一起去的同事一听说胎位不正，着急了。她对医生说：“怎么办呢？她丈夫远在东北，家里没有帮手啊！”当时我心里又着急，又发愁。

医生见我愁容满面，坐在那里一动不动，知道我有心理压力，就和颜悦色地对我说：“我可以教你一套矫正胎位的方法，不过你必须认真坚持才行，这就要考验你自己的毅力了。”

当即医生就教了我一套矫正胎位的方法：每天早晨起床之前和晚上临睡前，跪在床上，用两胳膊肘支撑着，将臀部高高撅起来不动，坚持30分钟~40分钟。

说实在的，做这个姿势，对于一个怀孕6个月的妇女来说，是有一定难度的。但我因为害怕难产，怕生产时出危险，所以难度再大也坚持每天做，并且坚持做到位。我心里想：万一胎位矫正不过来，我就得到医院去做剖宫产。自己家庭条件差，无人照顾，住院也有困难。所以我很悲观，很忧愁，生产时一旦遇到不测怎么办？我写信把情况如实地告诉了远方的丈夫，意思是希望他这次能在我生产时回到我的身边来。我写道:“假如我真的在这次生产时遇到不测，你又不在我的身边，那你将悔恨终生……”

我按医生说的方法，天天坚持，认真做了两个月。这两个月正好是酷暑，一次做下来累得我大汗淋漓，筋疲力尽，晕晕乎乎，有时还感到恶心。尽管如此，我不敢有丝毫懈怠，且从未间断。功夫不负有心人！上苍恩赐于我。到了8个来月的时候，我又去医院检查，医生高兴地告诉我说：“你的胎位正常了。”听了医生的这句话，我如释重负，就像跑完一场马拉松后那样轻松。我十分感激那位医生教给了我一套行之有效的方法。医生说:“还是你这个人有毅力，好些人是坚持不了的。”

临产前的一周，我请假回到了范村我们那个边角窑洞里。丈夫也提前一周从辽宁省“五七”干校请假回来了。这次，他第一次看到了我挺着个大肚子，走起路来笨笨的，还有一脸的妊娠斑——女人怀孕临产前的那种样子。他见我这副模样只是新奇地发笑，说:“你怀女儿的时候，我在沈阳，没有看到你的模样，却总是在脑子里想象着你怀孕是怎样一副模样，原来如此呀!”

“怎么样，原来是这么难看的一个丑妻，对吧!”我调侃他说。

“不，我看见你挺可爱的。”他笑嘻嘻地说。然后又回头问坐在旁边玩耍的女儿:“梅，你看妈妈怎么样?”

“妈妈很可爱的，妈妈肚子里还有个小弟弟呢!”两岁零三个月的女儿摸了摸妈妈的大肚子嫩声嫩气地回答。

1969年11月30日晚11时许，还是在那孔边角窑洞里我生下了一个8斤重的大胖小子。这次有丈夫和婆母在我身旁照料、守候，我也就比较放松，所以生产还算顺利。第二天早晨醒来，女儿梅看见炕上多了个胖胖的婴儿，高兴得手舞足蹈，嘴里不停地嚷着:“妈妈给我生了个小弟弟啦!”

因为当时丈夫还在东北工作，孩子刚生下来，一双亮堂堂的大眼睛就睁开了，所以我们就给孩子起名叫“亮”。“亮”预示着我们的前程像东方的晨曦那样光明亮丽。

亮儿的降生在家里算是件大喜事了！丈夫格外高兴，对我说:“咱们有女儿，又有了儿子，儿女双全啦!”婆母和母亲高兴中还带三分自豪，逢人就说:“我家媳妇（闺女）生了个胖小子，得子啦!”邻居们也都纷纷前来祝贺。

我坐月子刚20来天的时候，丈夫的假期就到了。记得那天是冬至，他前一天晚上就收拾好了东西，准备向我告别，我最害怕的就是他走。心里想，他这一走，何时才能回来呢？留下我们母子三人，不用说精神和情感上的压力，单就生活中的重重困难，就可能把我这瘦弱的身躯压垮。想到我将面临的艰难困苦，我伤心、委屈，眼泪忍不住扑簌簌地落下来。丈夫一边为我擦眼泪，一边安慰我说:“等咱们以后团聚了，一切都会好的。”我知道，他心里也不好受，只不过是自个儿强忍着，“男儿有泪不轻弹”罢了。我紧抱着他的手臂，恳求他:“明天是冬至，你就再住上一天吧，我们不能在一起过年，就在一起过个冬至吧!”

“不行！路上两天多的时间也得算假期。”他苦笑一下说，口气是那样坚决，但又是那样不得已。

我知道丈夫从来就是以工作为重，严于律己，所以我也不想勉强留他了，走就走吧，反正迟一天走早一天走，我心里都会很难受的。第二天一早准备动身，婆母还是一个劲地挽留儿子，老太太眼里噙着泪花絮絮叨叨地说:“咱这里过冬至相当于过小年呢！人家过冬至都是赶着回家哩，你就非今天走不行。”但丈夫还是说服母亲坚持要走。没想到他背起背包刚出家门，恰好碰上他的五舅从军寨村过来。一听说外甥执意要走，就以长辈的身份语重心长地劝他说："王柯呀！你妈说的有道理，好几年啦，你过大年都没有回来，这次既然你妈和你媳妇都想让你明天再走，你就晚走上一天吧，你们领导通情达理，会体谅你的。"看来五舅这一番话还是管用，丈夫被说服了。他返了回来，放下背包，说："再住一天，明天再走，咱们今天中午包饺子吃！"就这样，他终于在家多待了一天，和家人一起过了个冬至。但次日和他依依惜别，我心里还是有说不尽的惆怅……

56 天的产假期满时，正好赶上学校放寒假，所以我就可以在家休息到春节之后再去上班。在家的这些日子，我精心哺乳儿子，照料女儿，做饭、洗衣，整套家务全是靠自己。这次丈夫买了个半导体收音机回来，走时留给了我们母子，这就算是我们家的第一件电器了！我可以听听广播，了解一下国家大事，还可以和两个孩子听听音乐。儿子就像豆芽生长似的一天一个样地变化着，两个月就长得又白又胖。他不哭不闹，两只亮堂堂的大眼睛炯炯有神，好像是在和别人说话。肚子饿了，他也很少哭闹，只是把自己的小拳头塞到嘴边，当成乳头似的一个劲地吮吸着，脸上还露出甜甜的笑容，十分招人喜爱。女儿虽然还不满 3 岁，但是个乖孩子。她很喜欢并懂得爱护自己的弟弟，常常趴在弟弟的床铺前逗他玩，小心翼翼地抚摸弟弟的小手和小脚丫，并牢记妈妈的吩咐：一定要小心，千万不能砸着或碰着小弟弟。邻居们逗她玩说："梅，把这婴儿送给我家，让我抱走吧！"她就会搂住弟弟大声说："不行，不行，这是我的小弟弟呀！"于是逗得大家哈哈大笑起来。

1970 年春节就要到了，这是丈夫到沈阳工作的第五个年头，五年里他没有回家过过一个春节。这次因我生孩子时回来休假，走了时间不长，所以这个春节他是肯定不能回来的了。农历腊月二十日是公爹的寿诞。每年他过生日，婆母都要张罗着做不少用软米面做的油糕，这样就把过年吃的年糕一并做好了。那天我起了个早，和女儿简单吃了点早饭，喂好了儿子奶，哄他睡着，就赶忙过公婆那边去帮着做糕，为公爹祝寿。寒冬腊月，外面又下了雪，天气特别寒冷。本村三姨一家和二弟一家也都来了。外面虽然寒冷，但屋子里还是热乎乎的。大家凑在一起，热热闹闹，有说有笑。人们有的坐在炕上捏糕，有的在地下看锅灶蒸糕面。公爹最宠爱的长孙比梅大两岁，很顽皮，今天是他爷爷的生日，更是兴奋，他从外面跑进屋来，一会儿爬上炕头，一会儿又跳下地来。女儿梅从外面进来，冻得红嘴红鼻子，她也想爬上炕头去，在热炕上暖和暖和。没想到她刚往炕上爬，就被她爷爷生硬的声音给恐吓住了。

“不能上去！别把炕弄脏！”公爹声色俱厉地冲着女儿大声训斥，态度是那样生硬。看样子他就是不准女儿上他的炕。这时，女儿被吓哭了，弄得大伙儿都用异样的目光瞅着他。

看到公爹如此这般地对待我的女儿，我的心都凉了，觉得这不仅仅是对待孩子的态度，也是对待大人的态度。当时我就像受了欺辱似的，心里有一种无以名状的悲伤。我有点生气了，拉着女儿的手说：“不让上炕咱们就走，回自己家去！”说着我就拉着女儿，头也不回地离开了公婆家。回到自己屋里，儿子也醒了，我一边抱起儿子喂奶，一边想：自己平日里对待公婆还算尽心尽力，现在他们的儿子远在千里之外，我一个人带两个孩子，按说应该多给点关照才合情理。公爹这次这样对待我的女儿，在众人面前连点面子也不给。这究竟是为什么？我百思不解。后来我分析，可能因为梅是个女孩子，重男轻女的封建传统观念在老人心中根深蒂固；再就是我娘家阶级成分不好，让人低看一等。当时社会上“左”的政治色彩也渗透到家庭里来了。在那个世道下，家庭出身不好的人在哪里都可能受到欺凌，所以公爹以这种态度对待我和孩子也就不足为奇了。可当时我就一点也想不通，觉得特别伤心，特别难过，特别委屈，也特别困惑。也许是因为当时我处境艰难，过于敏感的缘故吧，自己也不成熟，处事简单了些。后来返回来从另一个角度再看此事，对问题的看法就两样了。“横看成岭侧成峰”，在生活中，很多事情从这边看，问题很严重，换个角度看，还可能是件好事。任何事情都有它的两面性，事物总是在发展变化着的，人到了窘迫境地时，往往也就是立志之时。我就是从那时候起，暗暗下决心：一定要竭尽全力抚育并培养好我的孩子，我的孩子将来成长得一定不能比别人差，不能让人瞧不起！如今，我的三个孩子都已成长为国家的栋梁之才，他们在各自的工作岗位上发挥着重要作用。所以，从辩证法的观点来看，我还应该感谢公爹呢！是他坚定了我培养教育孩子成才的信念。

那天午饭后，婆母为我们送来了一碗上午做的油糕，并一个劲儿地安慰我，我的情绪才慢慢缓和了过来。

1970 年的春节，是我们母子过得最凄凉、最不开心的一个春节。丈夫远在东北，我生了孩子刚刚两个多月，产后体质一直很弱。我一个人照料两个孩子，吃穿住行都是如此窘迫。快要过年了，别人家都在忙着打扫家，置办年货，做好吃的，合家团圆，准备欢欢喜喜过大年。我们却没有买什么年货，更没有买什么新衣，我只为女儿简单地缝了一件花罩衣。除夕晚上，家家户户张灯结彩，一家人欢欢喜喜坐在一起包饺子、吃年饭。噼里啪啦的鞭炮声阵阵传来，院子里的“旺火”已熊熊燃起，人们辞旧迎新，一派节日气氛！女儿穿上新做的花罩衣，高兴得手舞足蹈，并不停地问:“妈妈，爸爸怎么还不回来?”“咱们过年吃什么好吃的?”“弟弟怎么没有穿新衣服?”

“爸爸在很远的地方工作，不能回来和咱们一起过年。”我打着拉得很长的手势回答。“等爸爸以后调回山西来工作，就能和我们一起过年了。”我继续给她解释，“这不，妈妈就要给咱们包饺子吃嘛！弟弟还小，妈妈来不及给他做新衣服，穿你穿小了的那件蓝花袄不是也挺好嘛!”我一边忙着做饺子馅，一边和两岁半的女儿亲切地交谈着。此刻，是这双幼小的儿女，温暖了我那颗寂寞、苦涩的心。

我把两个孩子都安抚得睡了之后，一个人坐在昏暗的灯光下，一口气包了60个饺子，准备大年初一早早起来和孩子们一起煮饺子吃。“每逢佳节倍思亲”！除夕的夜是那样的漫长，我躺在炕上翻来覆去睡不着，一会儿起来为儿子换换尿布，一会儿又端详一番已经熟睡了的儿子和女儿，他们那高高的鼻梁酷似他们的爸爸，而圆圆的脸盘和嘴巴又像我。可惜丈夫此时不在我们身边，不能和我们团聚……

一阵噼里啪啦的鞭炮声唤醒了正在睡梦中的我和孩子们。我开灯看表，已经快6点钟了，赶紧爬起来喂好了儿子奶，帮女儿穿好衣服，就下地生火煮饺子。因为老家有个习俗，说是大年初一的饺子要天亮之前就煮好吃了，而且不能煮破了，还要多做一些，要有些剩余，这样来年才能吉利、顺利、有余。我刚刚生着灶火不一会儿，锅里的水还没有烧开，里院的堂小叔子就推门进来拜年问好:“嫂子，过年好！我们已经吃过饺子啦，你们还没有做好吗?”

“我正做着呢！等会儿你再尝尝嫂子的饺子吧!”我一边忙着

煮饺子，一边对他说。

小叔子爬上炕头，逗孩子玩了一会儿，就又到别人家串门拜年去了。

我们的那个火灶一点也不好用，太让人煎熬了，烧开一锅水总得半个小时。等锅里的水烧开了，才把饺子煮进去，忽然听见女儿叫了起来：“妈妈，快来呀，弟弟拉㞎㞎啦！”原来她掀开小被子去摸弟弟的小脚丫，结果摸了一手屎㞎㞎。我急忙盖上锅盖，过去一看，儿子果然拉了一大泡屎，弄得尿布上、屁股上、两只小脚丫上都是，我立即忙着为他们擦洗收拾。等收拾完了，再去看锅里煮的饺子，啊呀！糟糕，饺子都煮破了，简直成了一锅汤了……

我好沮丧！大年初一就这么狼狈。过大年我们母子除了一锅煮破的饺子，别无他食。我想，这一年我还能过上顺心的日子？再联想到自己面临的重重困难和压力，心中十分郁闷。中午，看到公婆高高兴兴地拿着酒壶去小叔子家里吃团圆饭去了，我心里不免有一种自怜、自卑的感觉。一来自己当时没有能力请二老吃饭，令我自卑；二来丈夫不在家，我孤苦伶仃。那年大年初一，除了堂小叔子，一天里再没有别的什么人来看过我们母子一眼。那天天气阴冷，还下着雪，世态的炎凉，使得我的心恰似这天气一样阴冷。尽管如此，在年幼的儿子和女儿面前，我尽量克制自己的感情，努力使自己振作起来。我给孩子们讲故事，唱儿歌，逗他们玩，并为他们自制了一些简单的玩具。我用红纸为亮儿叠了四个“印蛋”，又做了四只“小鸟”，用线绳穿起来吊在空中，用手轻轻摇一摇，儿子躺在炕头就会目不转睛地盯着那些小玩意儿好奇地看着，然后舞动着小腿小胳膊笑笑，旁边的小姐姐也乐得咯咯地笑起来。当弟弟哭闹的时候，那个两岁半的小姐姐也这样哄着他玩，帮我照看孩子。他们的爸爸不在身边，女儿和儿子缺少父爱，和妈妈在一起，同样也要让他们感受到幸福和快乐才是。我告诉两个尚未懂事的孩子，总有一天爸爸会和我们团圆的，咱们以后也会过上好日子的。

寒假过后，我就带着两个孩子上班了，又开始了我那“一个人又当爹又当娘”的艰难日子。学校为我安排了一间6平方米的小平房。我们娘儿仨加上看孩子的人，四个人挤在一盘小炕上，做饭也只能在这间小屋里。我母亲来帮我照看孩子，有时婆母和侄女也来帮忙。在这间简陋而狭小的屋子里，我们度过了两个酷暑和寒冬。

当时，“文化大革命”还在继续，已经彻底摧垮了所谓的“刘少奇、邓小平资产阶级司令部”及其“资产阶级反动路线”，中央和地方的一大批老干部、老同志、知识分子和老文艺骨干被打倒，或者“靠边站”。他们有的被关进监狱甚至被迫害致死，有的被下放到边疆、农村、“五七”干校进行劳动改造。全国的派性斗争愈演愈烈，各派之间互相攻击，严重影响了工农业生产和正常的工作秩序。学校里家庭出身不好、有点所谓的政治历史问题的教师，以及非同一派的也就是所谓“站错队”的人，都受到了不同程度的排挤、打击甚至迫害。我自参加工作以来，一贯勤勤恳恳，兢兢业业，勤于学习，严于律己，谨慎从事，从来不敢有丝毫的懈怠或差错。虽然当时我只是一个二十六七岁的年轻教师，但已经是学生和家长认可和信赖的好教师了。我热爱教育事业，爱自己的学生，努力钻研业务，在教学上勇于创新，这在学区里（一个公社的学校是一个学区）有口皆碑。尽管如此，却得不到公正的待遇，反而遭受排挤、打击甚至欺辱。

1970年暑假，天气异常炎热，农田里的庄稼就快要旱死了，上级号召防旱抗旱。学校学生放假，教师半天参加抗旱劳动，半天办“学习班”，搞斗、批、改。晚上还要集中搞“斗私批修”，曰“抓革命，促生产”。

可能是由于我太累太紧张的缘故，没能喂养照顾好正在吃奶的亮儿。有一天，亮儿突然发起高烧。白天请赤脚医生小王来给打了针，亮儿也服了药，可到晚上他还是高烧到40℃，而且孩子迷迷糊糊，精神状况很不好。我见孩子病得很重，心里很着急，小王也建议立即去医院，或者现在就去本村师老大夫家诊治。可是晚上学校要开“斗私批修”会，我急急忙忙找到学区校长，向他说明儿子生病的情况，表明晚上不能参加开会了，请他批准。没想到他冲着我恶狠狠地说：“就你事多，你不参加“斗私批修”了？得好好斗斗你的‘私’！”他那冷酷无情的态度和狠毒的语言给了我当头一棒，我的头脑反而一下子清醒了，冷静了。开始和他说的时候，我因孩子生病心急无助，声音颤抖，眼里还噙着泪花，希望能得到领导的理解、关心和帮助。看来我错了，我迅速抹干眼泪，义正词严地对他说：“孩子是祖国的未来，我有责任保护和抚育好他，今晚我不能扔下生病的孩子不管。”说着，我就头也不回地离开了他的办公室，只听见本校孔校长在一旁说了句：“还是孩子看病要紧嘛！”这句同情的话让我心里稍微暖和了一些，至今想起来我对孔校长还心存感激。平时说话行事一贯小心谨慎、对上级领导唯命是从的我，此时横下一条心来：反正这次我是豁出去了，你批判我，斗争我，我也得照顾生病的儿子！

那天晚上，我一个人抱着生病的孩子，就摸黑去找师大夫了。师大夫家离学校很远，那天天气阴暗，还下着雨，路上一片漆黑，伸手不见五指。道路凹凸不平，泥泞难行，村子里除了不时地传来几声狗的叫声，就是一片寂静，让人产生一种恐惧感。

但我根本顾不得这些，浑身是胆，毫不畏惧。走了约半个小时，终于找到了师大夫家。师大夫正准备就寝，见我十分焦急的样子，就赶快把我让进了家。他详细地询问了孩子的病情，为孩子测了体温，用听诊器在孩子胸部仔细听诊。他诊断孩子的病属热性重感冒，因为就诊及时，所以还没有明显的肺部感染。他安慰我说：“不用着急，今天晚上我先给孩子吃点解表退烧的药，观察一夜，明天再到医院去。”当下就让孩子服了药。那天夜里，我抱着儿子在师大夫家外屋过道里寄宿了一宿。这一夜，我虽然彻夜未眠，疲惫不堪，但不管怎样，孩子没有出什么问题。

第二天一早，我没有来得及吃早饭，就抱着孩子到医院去了。我儿子的体质还算不错，到了医院，医生给打了两针，孩子就开始退烧了，精神也慢慢地好了起来。第二天，孩子的病逐渐好转，三天以后就痊愈了。

亮儿两岁的时候，有一次我因那一段时间工作太紧张，就把他送到范村他奶奶家住。一天，婆母带孙子到邻居家串门，婆母和邻居在屋子里聊天，亮儿在院里和小朋友们玩。不料，顽皮的亮儿不慎掉到院里的菜窖里了，把下巴颏儿磕开了一个血口子，一时间血肉模糊，婆母赶快找到村子里的医生给缝了针，上了药，包扎好。就那样直接缝，也没有打麻药，这个从小就坚强的小子，竟然没有哭。可是孩子总是流口水，常常把涂在伤口上的药和包扎伤口的纱布都浸湿。婆母也没有及时告诉我，她带孩子一般比较拉忽。等我星期六傍晚回去时，看到儿子流着口水，下巴颏儿上的纱布耷拉着，伤口已经感染了。我好心疼啊！赶紧为他清洗换药，喂汤喂水，给他讲故事，教他怎样保护自己。经过我一天多的精心护理，儿子的伤口开始好转。本来我星期日晚上就应该返校的，可是我想再和儿子待一晚上，觉得再替他换一次药会更好些，所以决定星期一早晨再返校。第二天一早，我7点钟之前就急急忙忙赶回学校，并向领导说明情况。没想到领导根本不听我细说，毫不客气地批评我星期天晚上没有按时返校，要马上停止我的工作，责令我写出检讨，并扬言要处分我。我气得躺在床上暗自流泪，心想：领导怎么会这样不通情理？这明摆着是因我家庭成分不好，在欺辱人嘛！我只能默默地忍受，但心里却在流泪。心想：我凭什么就活得这样艰难，这样受人欺辱？我百思不解，心里难过极了。而心中的这些苦衷、冤屈和愤懑，我又能向谁讲，向谁诉说呢？

当时学校管伙食的梁老师见我躺在床上暗自流泪，还没有吃上早饭，就亲自到库房称了四两白面，让炊事员杨大娘为我做病号饭吃，那时我们每人每月才供应五斤白面呀！我心里过意不去，就对他说："梁老师，你别给我做白面吃！我又不是生病了。"

"我知道，你不用管，起来吃你的饭吧！"他诚恳而坚定地对我说。显然，他意在为我鸣不平，对领导欺人的行为不屑一顾，对我的艰难处境深表同情。杨大娘也在一旁悄悄嘟囔着："明明是在欺负人嘛！"

在当时那种恶劣的政治环境中，还有像梁老师和杨大娘这样有正义感的人同情我、关心我、帮助我，使我心中感到些许温暖。正因为有这缕温暖的阳光照耀着我，我才能在艰难竭蹶中忍辱负重，克服艰难困苦，鼓起勇气，面对现实，坚强地生活和工作，我从心底里感恩他们。后来我渐渐想通了，生活本身就是一部教科书，人处于逆境中能锻炼意志，思索问题，学更多的东西，能更好地更深刻地认识和体验人生。我不抱怨，因为抱怨是无用的。我也没有忌恨，因为忌恨只能带来不良的后果。我只有尽量让自己适应这种恶劣环境，把各方面的事处理得好一些。

由于我的精心照料和护理，儿子的伤很快就好了，只是留了块伤疤。至今，亮儿的下巴底下还能隐隐约约看到这块伤疤。

若干年以后，我已调到山西省轻工业厅工作，有一次我偶然听一位平遥老乡说，梁老师因患抑郁症到省精神病医院住院了。我赶忙买了礼品去医院探望他。尽管近20年没见面，他又患精神方面的疾病，但他还是一眼就认出了我，并叫出了我的名字，和我亲切地交谈。医生说这种交谈对他的康复很有好处。杨大娘，一个拥有仁爱之心的农村老太太，当时被临时雇用到我们学校做饭。我到太原工作以后，曾几次托人向她问候并捎带礼品给她。2005年春节，我亲自回去看望她老人家。老人已92岁高龄，但身体还很硬朗，见了我高兴得热泪盈眶，将我紧紧拥抱。老人还叫了她的儿孙们过来见我。

虽然我历经了千辛万苦，但使我欣慰的是我的一双儿女成长得十分喜人。女儿梅聪明伶俐，从小就很懂事，两岁半的时候，就跟着大人们学唱革命歌曲、样板戏，背诵毛主席语录。那次丈夫出差顺便回家来，女儿兴奋地为爸爸表演节目，唱样板戏《红灯记》里李铁梅的唱段《都有一颗红亮的心》。女儿站在那里整整自己的衣襟，清清嗓子，拉起嗓门十分卖力地为爸爸唱了一大段。唱完之后，丈夫既没有为孩子鼓掌，也没有夸奖她，而是指正她的不足，说:“你喊得太高了。”结果女儿“哇”的一声哭了。她多么希望陌生的爸爸能给她以夸奖和鼓励啊，可是丈夫就偏偏不通这个窍。最后还是我哄了一番，女儿这才作罢。

有一次，我的老同学兰英来家看望我，在大门外，看见梅在那里和小朋友们玩，就顺便问了她一声:“梅，你妈妈呢?”

“在家里躺着呢！妈妈劳累得病倒了，我妈妈好可怜啊！”她的回答充满了对妈妈的疼爱。

兰英一见了我就夸奖梅:“你的女儿真是个懂事的孩子，这么小就懂得疼妈妈。”那时她也正准备当妈妈呢!

亮儿生龙活虎，活泼可爱，长得圆滚滚、胖墩墩的，两只机灵的大眼睛会说话，不哭不闹，见了人就给人家个笑脸，刚满一岁就学会了走路，但就是爱一个人往外乱跑。他从不认生，跟谁都行，陌生人都能把他领走。人们都喜欢抱抱他，逗逗他，给他点吃的，带他去玩。有一次，母亲忙着做早饭，一时没有注意，他就一个人跑了出去。母亲发觉后急得四处寻找，怎么也找不到。母亲风风火火跑到学校找我，说是孩子走丢了。我立即跑到大队部（村委会）求人帮忙寻找。一会儿，村里的高音喇叭里就传出了老书记的声音:“喂！喂！大家请注意，武老师的孩子不慎走失了，大家都帮着找一找，找到后请及时送回来。”广播里一次又一次地播送着寻找孩子的启事。老书记的广播声就像命令，人们都忙着为我寻找孩子。原来，亮儿独自一人跑到大街上玩，一位低年级的女学生看见他，很喜欢他，就拉着他去玩，他就高高兴兴跟着人家去了。快吃早饭了，那女孩就把他带回自己家，告诉她妈妈说这是武老师的孩子，并让她妈妈给他做好吃的。听到高音喇叭的广播声，才赶忙把他送了回来，让我和母亲虚惊了一场!

还有，那是盛夏的一个中午，我在办公室加班为学生批改作业，亮儿也跟着去了，他在一旁玩。我困极了，趴在办公桌上一会儿就迷糊了。同事史老师推门进来，看见只有两岁的小亮儿手里拿着个苍蝇拍，正忙着为妈妈赶旁边的苍蝇呢！嘴里还嘟囔着:“不能让你这个坏东西（苍蝇）落到我妈妈身上。”史老师看到这个情景，十分感慨。过后他跟人们说：“你们看人家武老师的孩子，就是不一样，那么小就懂得疼爱他妈妈，为他妈妈赶苍蝇，真是难得！”

1971年9月13日，震惊中外的“9·13事件”发生了。时任中共中央副主席的林彪仓皇出逃，所乘的飞机坠毁在蒙古温都尔汗。10月份，丈夫经好友、堂姑夫介绍，终于从辽宁调回到平遥火柴厂工作。他刚上班，就被抽调下乡传达、宣讲中央关于“9·13”事件的文件。丈夫从省一级机关一下子调到了县里的一个厂子里，接着又下乡，山村里生活苦，条件很差，这个落差实在是太大了。但丈夫却没有在乎这些，也没有觉得苦，他的心情很愉快，认为总算解决了我们夫妻长期分居的问题，虽苦犹甜。觉得只要我们一家人能团圆，我们夫妻能在一起，就是再大的困苦也算不了什么。虽然我当时还在北石渠学校教书，但至少星期天我们一家人可以团聚，这样的感觉比以前好多了。

1972年11月10日晚11点来钟，我们的第三个孩子景也降生了。还是在老家范村我们那个边角窑洞里，还是由婆母接生。这次生产比较顺利，母子平安，丈夫守护在我身边，所以虽然受了些苦，但心里甜，我们又添了一个可爱的儿子。

第二天早晨梅醒来看到自家炕上添了个婴儿，就高兴地叫着:“亮，亮，快起来看！妈妈给咱们生了个小弟弟！”亮儿一骨碌爬起来，揉了揉眼睛一看，也高兴得笑起来。姐弟俩既新奇，又兴奋，趴在那里好奇地端详着这个刚出生的小弟弟，还轻手轻脚地抚摸着他。从此，两个孩子的动作就格外小心起来，生怕砸着碰着小弟弟，他俩很快懂得了对小弟弟要倍加呵护。

故事 6

在平遥火柴厂的日子

1973 年春节之后，我从平遥北石渠学校调到了平遥火柴厂子弟学校教初中。这样，我们就在火柴厂安了家。刚到火柴厂，我们一家五口人住在一间 10 平方米的房子里，实际上是一间 20 平方米的房子从中间隔开，一面住一家人。我们住阳面的那半间房，屋子里除了一盘大炕、灶台外，地面不足两平方米。那时候，我们是真正的“无产者”，家里根本没有什么家具，只有一个废纸箱，里面放置着一些米面袋子。记得那天我们从村里往平遥火柴厂搬家，一辆 212 帆布小吉普就把我们家连人带物搬了过来。但不管怎样，我们一家人终于团聚了。那天风和日丽，阳光灿烂，看到那和煦的阳光从玻璃窗射进屋里的大炕上，墙壁白白的，屋里亮堂堂的，我的心里顿时觉得好温暖！

不久的一天，丈夫的工人朋友、优秀青年木工郭师傅扛着一个小碗柜和一个米面箱来了。原来，他看到我们刚刚搬来短缺的东西很多，就利用休息时间，用废木板做了两件小家具送给我们。这两件小家具帮我们解了燃眉之急，也送来了工人朋友的一片真情。这对我们来说是多么珍贵啊！

后来，丈夫由厂宣传科调到二车间任党支部副书记，工作非常繁忙，经常加班加点，还要带夜班，家里的事一点儿也顾不上。我来到一个新的单位，初来乍到，开展工作不容易。与此同时，我还必须得照管和哺乳一个不满三个月的婴儿，料理一家人的吃喝拉撒。繁重而劳碌的工作和生活，使我不免产生一些急躁情绪，有时对丈夫有一些唠叨和埋怨。虽然结婚这么多年，一直过着单身生活的他光知道工作，其他方面懂得不多，现在才算是开始居家过日子，可能也有些不适应，需要一段磨合期。所以夫妻在一起时间长了，“锅碗瓢盆”就免不了磕碰，以往一向恩爱的夫妻有时候也会发生口角，我们甚至还因一个木橛子打过一次架。

那是在景儿 9 个月刚学会爬的时候。我们当时经济比较困难，养育孩子的条件很差，很简陋。景学会爬行了，他高兴地在大炕上爬来爬去，但是稍不留心，就会掉下地来，必须由大人时刻操心照看才行。可是因为大人还要干活，所以通常就得把孩子“套”起来，即用一条结实的带子将孩子拦腰拴住，然后把带子的另一端拴在一个牢靠的固定物上，这样孩子就是在暂时无人看管的情况下也不会掉倒地下，至多是哭闹一顿罢了。那个时候没有人专门照看孩子的家庭大都是这样做。可是在我们的炕头上就是找不到那么一个牢靠的固定物。还是我想出了个办法：找一个木橛子，把它固定在大炕里面靠墙根的一个地方。于是我告诉丈夫，让他下班后在车间的废木头堆里寻找一个木橛子带回来，他当时答应得很好，可是他挨着两天下班回来都说“忘记了”，等到第三天下班回来，他又说“忘记了”。在火柴厂找一个木橛子，那还算个事？不就是举手之劳嘛！可他就是没办到，我认为他一点家庭责任心也没有，难道是怕人家说他拿公家的东西吗？这次我真的生气了，就冲着他嚷道：“连这么一点事你都不能办！你就不担心孩子掉到地下摔着？难道拿个木橛子就会把你判了刑！”也许是他觉得我说的“判刑”二字有辱他的人格尊严，一下子就火了。他二话没说，狠狠地朝着我的肩膀就是一巴掌。我正在灶台旁边洗衣服，突然挨了一巴掌，心里更加恼火，哪里还肯让他！就气呼呼地嚷着，将刚从盆里捞出来尚未拧干的衣服向他狠狠掷了过去……

这是我们结婚11年来第一次动武，也是这辈子唯一的一次打架，这件事至今我们还记忆犹新。

在以往艰难困苦的生活中，我的母亲总是不顾自己年高体弱多病，不嫌我们条件简陋，尽力帮我照看两个孩子。这次我生了景，母亲还是一如既往，来火柴厂帮我们照看景。但是时间不长，她老人家就身患重病。有一天夜里，母亲突然肚子疼起来，我半夜里醒来给孩子喂奶时，才发现母亲疼得头上直冒冷汗。我着急了，赶紧爬起来为她按摩揉搓，并从暖瓶里给她倒了点开水，让她喝了个去痛片。一个多小时以后，母亲的症状似乎好转了一些。我要为她去请医生，她就是不让，说过一会儿就会好的。第二天，母亲的脸色有些发黄，我们请了厂医务室的大夫为母亲诊治，医生说母亲患的是黄疸型肝炎。于是就按黄疸型肝炎进行治疗，每天输液、服药、打针。可是治疗了一个多星期，疗效甚微。丈夫又带她到县医院诊治。我和丈夫到处托人找大夫为母亲治病，但效果总是不佳。那一段时间，我忙着为母亲寻医讨药，伺候她的饮食起居，还要给学生上课，精神一直处于一种十分紧张和忧虑的状态，又吃喝不好，睡不好，哪里还能有奶水生出来喂养孩子？难怪景那一段时间总是爱哭。有时候我实在照顾不过孩子了，就只能买点炼乳，兑些开水补贴孩子。女儿梅看到小弟弟哭闹，妈妈又顾不上照顾他时，她就会自己把炼乳和开水兑起来灌进奶瓶里喂弟弟。有时候喂的凉了或不合适了，就弄得小弟弟拉起肚子来，但谁能不说，这是一个仅有5岁的小姑娘对小弟弟的一片纯真的爱心呢？

尽管丈夫和我竭尽全力想方设法为母亲治病，但母亲的病情还是一天天严重起来。无奈我们和兄长商量决定送母亲到太谷康复医院（现在的晋中市第二人民医院）治病。我因有哺乳的孩子不能陪母亲前去，心里感到非常内疚。丈夫看出了我的心思，他安慰我说："你放心，我会尽心尽力照顾好婶母的。"

母亲从太谷康复医院回来以后，病丝毫没有减轻。有一次，我听见母亲深情地对父亲说："咱们女婿对我可真好！在医院里全靠他，又是忙着找医生为我诊病，又是给我喂水喂饭，把削好的苹果一口一口地喂到我嘴里。还帮我擦脸洗手，陪我聊天，总是安慰我，让我安心治病，病友们还以为女婿是我的小儿子呢！"那一刻，我被深深地感动了。这件事虽然已经过去几十年了，但一想起来，我就对丈夫充满感激之情。

母亲的病一天天重了，我心里十分难过，又很着急，生怕她出现不测。我背着她悄悄流泪，她看见了，反倒安慰我说："怎么，你怕妈妈走了吗？病来如山倒，病去如抽丝嘛！你不用担心，妈妈不会走的。"可是母亲的病还是越来越重了，渐渐地她开始吃不进东西去，身体越来越虚弱了。一天，母亲嘱咐父亲说："海棠和赖儿（我和丈夫的乳名）对我真是一百成的好（百分之百好的意思），我走了之后，你跟他们一起生活吧……"父亲含着眼泪点头答应，我在一旁泪如泉涌，心里像刀割一样难受，心想：莫非我真的要失去亲爱的母亲？……弥留之际，她老人家还断断续续地问兄长和我："咱们家的阶级成分纠正过来了没有？"兄长安慰她说："纠正了，咱家阶级成分改为中农了。"这是她老人家的一块心病啊！她深知这个该死的"富农"成分给家庭和孩子们带来的灾难！

1973 年 11 月 9 日，母亲永远地离开了我们，终年只有 62

岁。她老人家含辛茹苦地把我抚育成人，在我极度困难的时候，是她无怨无悔，用她那瘦弱的臂膀无私地支持着我，扶持着我。而我还没有来得及报答她老人家的恩情，她就这样匆匆地走了。我悲痛，我哭泣，我遗憾，我内疚。以至多少年以后，每当我看到别人的母亲时，都会不由自主地想起我亲爱的母亲，都会想到：妈妈要是还健在的话该多好啊！我可以好好孝敬她老人家，报答母亲的恩情。有父母在，能感恩、能孝敬该是多么让人羡慕的好福气啊！可是我没有，多么遗憾啊！母爱是伟大的，当我真正懂得和理解这句话的含义时，母亲却离我而去了。母亲的去世给我以莫大的打击，以致我生病一场。没有报答母亲的恩情，是我一生中最遗憾、最内疚的事……

1974 年下半年，丈夫被借调到晋中地区（榆次）工作。这件事恰是我预料中的。

那还是我生了景在家休产假的时候，一天早晨起来，我习惯性地打开半导体收音机，边料理家务，边收听广播。忽然我听到山西人民广播电台正在播一篇题为《谈谈自由与纪律的关系》的理论文章，该文针对“文化大革命”中无政府主义思潮和无纪律现象，论述了加强纪律性的重要性和必要性，讲得十分入理、适时、生动、深刻，是一篇很有说服力、理论性很强的文章。我忽然想起前些日子丈夫让我看过他写的那篇文章的底稿。“没错！电台播的正是他写的那篇文章。”我顿时兴高采烈地对孩子们说：“广播里播的是你们的爸爸写的文章，你们的爸爸有才学，将来很可能调到上级机关工作。”尽管三个孩子根本听不懂我的话是什么意思，但我还是兴致勃勃地给他们说着。后来丈夫回家来讲了情况，电台播的果然就是他写的那篇文章，以后他事业上的不断发展也证实了我的预料。

丈夫被借调到晋中地区工作，刚刚团聚不久的我们又分开了。我一个人带着三个孩子，还是在平遥火柴厂子弟学校教书，家庭的重担还是由我一人承担。我每天早晨 5 点起床，轮到我做办公室值日就起得更早。起床后就忙着生火做饭，料理孩子。娘儿们简单吃点早饭，我便匆匆忙忙将三个孩子分别送到托儿所、幼儿园小班和幼儿园大班，然后自己再去上班。我永远不会忘记，在严冬的早晨，我一手抱着用棉被裹着的景儿，一手拉着亮儿，女儿梅揪着我的衣襟，母子们迎着凛冽的寒风走出家门，在大雪纷飞的雪地里艰难前行，那一对对大大小小的脚印，是我们母子在困苦的岁月里，相依为命度日月，艰难竭蹶向前行的足迹啊！

那年，我正好接了个毕业班，工作的繁忙是可想而知的。为了能减轻一点点负担，我想试着把一岁半的景儿送回范村他奶奶家住一段时间。和婆母说好之后，我作了一些准备工作，买了些孩子吃的奶粉和鸡蛋，将孩子换洗的衣服和用品整理好，准备抽星期天把他送回去。

那是一个星期天的下午，当我把景儿抱到自行车上准备出发送回村里时，天真幼稚的景以为是带他出去玩，坐在那里高兴得手舞足蹈。两个大孩子特别是梅却露出了犹豫并依依不舍的神情，显然，他们不想让我把弟弟送走，梅拉着我的自行车哀求道："妈妈，别送弟弟走了，我能帮妈妈照顾好弟弟。"可是，这是我已经做了决定的事，我还是把景儿送回了范村公婆家。那天傍晚，我等孩子睡着了之后，才悄悄离开公婆家。晚上我骑自行车回到火柴厂自己家里，整个夜晚，我辗转反侧，久久不能入睡，脑子里总是想着景：他醒来看不见妈妈会伤心地哭吗？公婆能料理好、照顾好孩子吗？

我强忍了一个多星期。中间，我不敢回去看望孩子，怕孩子在他奶奶那儿刚刚习惯了，又看见我会情绪波动。可是我心中天天惦念着孩子，过了十多天，我终于不能再忍了，骑着自行车一口气蹬回到范村孩子身边。原来我以为孩子见了我一定会高兴得一头扑到我的怀里，然后搂着我的脖子“妈妈、妈妈”地叫着和我亲昵呢！可是当我见到孩子时，情形和我原来想象的完全不同。我看见儿子比前些日子消瘦了许多，他死气沉沉地坐在那里一动不动，两只大眼睛怯生生地看着我，连声“妈妈”也叫不出来，我张开双臂去抱他，他却漠然而待。他既不去找爷爷奶奶，也不主动让我抱，一副冷漠、痴呆的样子。顿时我心里难过起来，心想：仅仅离开我半个月的时间，孩子怎么就变成了这个样子！再待下去，孩子岂不成了呆子！这时，我才发现自己犯了一个不可饶恕的错误，当初我不该为了减轻自己的负担，就把孩子送回村里。这次我横下一条心，决心把孩子带回去。从此，就是再苦再累，也不能再让孩子离开我，再辛苦我也得自己把孩子拉扯大。当天，我就收拾了东西，告别了公婆，带孩子回家。回到家里，梅和亮热情地迎接小弟弟的归来，母子们有说有笑，好不快乐！一会儿工夫，景儿那种冷漠、痴呆的表情就烟消云散，他愉悦如初了。

之后，我们母子还是像以往一样平平淡淡地过着每一天，心里倒也舒畅、平静。但是事隔不久，令我揪心的事又来了。一个星期天，丈夫从榆次回来，带着亮回到范村去看望父母，亮和他的堂弟平玩耍时，不慎一只脚踏进旁边放置着的一桶开水里，一下子，一只脚和一条小腿全被烫伤了。下午丈夫把孩子带回家来以后，孩子的一只脚和一条小腿上全是一个个明晃晃的水泡，有的地方红肿得已经脱了皮，伤势严重，他那只脚疼得根本不能着地。看到儿子伤成这个样子，我心疼极了，就赶快和丈夫带孩子到厂医务室请医生治疗。让医生给涂药包扎之后，又把他背回家。两天后，丈夫又到榆次上班去了。在家里，我隔一天为亮儿换一次药。换药时孩子实在是疼痛难忍，像这种情况，不用说一个 4 岁的孩子，就是大人也会疼得叫起来的，非得住医院治疗不可。我知道亮儿平时特别爱听讲故事，他感兴趣的故事，常常听得很入神。于是我在给他换药时，就绘声绘色地给他讲他平时特别感兴趣的故事，像《李逵打虎》《闪闪的红星》等故事。这一招还真行，听着故事他就能配合我把药换了。这时，我就夸奖他说："我儿小小年纪，真是一个坚强、勇敢的好孩子，像影片《闪闪的红星》里的潘冬子一样！"白天，我去上班时，就把他背到我的办公室里，给他本画报让他看着玩。下班后，我先把他背回家，然后再去幼儿园里接景和梅，回来后再急急忙忙生火做饭。有时候，我累得筋疲力尽时，往往就不由得怀念起我的母亲，心里想，要是母亲健在，我还用背着孩子去上班？不由得眼泪扑簌簌地又落了下来。天真幼稚的亮儿看见我落泪，好奇地问："妈妈，你为什么哭呀？你是要入党了吗？"原来，他看了影片《闪闪的红星》，主人公潘冬子的妈妈入党的时候，就激动得哭了，他以为妈妈哭了就是要入党了！

在艰难困苦的岁月里，为了孩子和工作，我付出了沉重的代价。体重不到 45 公斤，还患上了慢性胃炎，经常胃痛得不能吃东西。刚刚 30 出头的我，额头上就有了抬头纹，以往怀孕时的妊娠斑还留在脸颊上没有褪去，两条原本粗壮的辫发成了两根细捻子，还患有神经官能症，经常头疼，整日疲惫不堪。1974 年到 1975 年之间，我不得不病休了两个月。但是，艰苦和困难的环境也磨炼了我的意志，增强了我在逆境中战胜困难的勇气，同时也造就了我忍辱负重、吃苦耐劳、锲而不舍、坚毅顽强、坚忍不拔的意志和品格。我在1967年生了梅之后的10几年间，很少睡午觉，早晨从来不睡懒觉。在工作和日常生活中，我总是付出的比别人多。对于这些，我毫无怨言，我心里只期盼着我教的学生能天天向上，我生的孩子能茁壮成长，我丈夫的事业能蒸蒸日上。这样，我的心里就会得到莫大的满足和安慰。所有这些，也在潜移默化地影响着我的孩子们，可以说对他们的生活习惯、性格、品行以至世界观的形成都产生着积极的影响，而且这些影响在他们的身上渐渐得到体现。

女儿梅是家里最大的孩子，从小就懂得体贴父母，爱护两个弟弟，懂得自尊和尊重他人，懂得刻苦钻研、努力学习，懂得自强自立，勇于战胜困难，懂得爱惜财物，勤俭节约，懂得为人付出，乐于助人，正如当年她初中的班主任曹老师对我说的："梅这个孩子心灵纯洁无瑕，就像一块洁白的美玉！"所以她自然从小就成为两个弟弟的榜样。她五六岁的时候，不仅能自己料理好自己，还能帮妈妈给弟弟喂饭、穿衣、洗脚。七八岁时就能帮妈妈做一些家务活，饺子皮儿擀得很利索，两只小手能同时搓四根莜面"搓鱼鱼"（平遥莜面面食的一种）。邻居们见了都夸奖她"小小梅女本事大"。她7岁上学，学习成绩在班里一直名列前茅。回到家里经常替父母检查弟弟们的作业，辅导他们学习，管教他们。再大一点，就能帮我刷锅洗碗，洗衣做饭。我不在家的时候，两个弟弟和整个家都由她来管理，她会管理得很有条理。从那时候起女儿就成了我的得力助手，是我生活中不可缺少的、值得信赖的帮手。我风趣地对两个儿子说："你们的姐姐是妈妈的知音！"

"那我们俩算不算妈妈的知音呢？"亮、景这样反问。因为他们知道能成为妈妈的知音一定是像姐姐一样，很棒的。

“你们还需努力才行。”我笑着回答说。于是，两个儿子就会更加努力，向姐姐学习，做妈妈的知音。

亮儿小时候长得白白胖胖，生龙活虎，活泼可爱。加上他从小就不认生，喜欢热闹，还能绘声绘色地给小朋友们讲故事，在平遥火柴厂这个比较和谐的环境中，特别招人喜爱。厂部宣传科科长老梁搞摄影创作，一次，他准备拍一幅作品参加晋中地区一个摄影作品展览，他选中了亮。记得那是一个夏天的中午，艳阳高照，水泥地面灼热，老梁捕捉好了摄影时机：在厂俱乐部外面的院子里，只见亮光着膀子，只穿一条浅蓝色的小短裤，右手抱着一只大皮球，光着脚丫子笑嘻嘻地从树丛里跑过来，只听“咔嗒”一声，镜头定格在这一刻（其实是我在前面拿着一块冰糕招呼亮，他是笑嘻嘻地冲着这块冰糕跑来的）。老梁的这张摄影作品成功参加了晋中地区的那次摄影展。那年亮 4 岁。这张珍贵的照片，我至今还珍藏在册。

1975 年深秋，梅刚满 8 岁。一天下午，我刚下班回到家，梅的一个小伙伴突然风风火火地推门进来，上气不接下气地告诉我说：“阿姨，你们家梅从操场的原木堆上掉下来磕伤了下巴，血流不止，同学们已经送她到厂医务室了。”说完她转身就跑了。天哪！操场旁边的那一大堆摞得高高的原木我可是知道的，那是火柴厂备好的一年生产火柴的原料。从原木堆上摔下来是很危险的。我心急如焚，不顾一切向厂医务室跑去……

我一口气跑到医务室，看见女儿正静静地躺在手术室里接受治疗。梁大夫抬起头来用手势向我示意：保持安静，不要说话，请到外面等候。大约半小时后，梁大夫把女儿抱出来了。她一边摘口罩，一边赞叹地说：“多么坚强的孩子！这么大的伤口，没有打麻药，冲洗缝合伤口时，都没有哭叫一声。”我看到女儿的脸和下巴肿得老高，嘴也张不开，心疼极了，说了声：“我孩儿可疼？”听到我的声音，女儿反而“哇”的一声哭了。我抱着女儿安慰道：“乖孩子，不要哭，阿姨给你把伤口缝好了，又给上了最好的药，打了针，你的伤很快就会好的，过几天好些了你就可以去上学了。”我十分感激梁大夫在家长没有在的情况下，就在第一时间给孩子以及时的救治，也感谢她对我女儿由衷的赞扬。梁大夫是平遥县的“三八红旗手”，她医德高尚，医术精湛，在厂里的口碑极好，是大家尊敬和爱戴的好医生，是我们学习的好榜样。

我背着伤痛的女儿往回走。半路上她非要下来自己走不可，她说：“妈妈太累了，我不忍心让妈妈背着我，我自己可以走。”

“没事，妈妈力气大着呢！”我安慰她说。但她还是坚持要自己走回去，我只好拉着她的手慢慢走回家。

回到家里，已经是傍晚时分了。两个儿子饿着肚皮焦急地等待着妈妈和姐姐回来，看到姐姐肿胀的下巴和脸庞，他们顾不得饥饿，用手轻轻地抚摸着姐姐的手臂，围着姐姐问长问短，一个劲儿地宽慰受伤的姐姐。我先给女儿做了一碗荷包蛋白面条，以往一贯以“小馋猫”著称的小兄弟俩谁也不肯先尝一口，而是抢着端到姐姐跟前，喂姐姐吃。女儿伤口痛得厉害，张嘴都很困难，食欲也不好，所以妈妈做的美味可口的病号饭最后让两个“小馋猫”狼吞虎咽地分享了。那几天，女儿成了家里的重点保护对象，由于医生的精心治疗和女儿的默契配合，再加上我们的精心护理，所以女儿的伤好得比较快。

1976 年，中国大地发生了一系列重大事件。1 月 8 日，深受全国人民爱戴的好总理周恩来同志不幸逝世，几十万人伫立在十里长安街上为他默哀送行。4 月 4 日清明节，数十万人民群众在天安门广场自发悼念周恩来总理，全国各地都有类似的自发悼念活动，被“四人帮”定为“反革命事件”。邓小平同志第三次被打倒。这一切都绷紧了每个中国人的神经，人们更觉得茫然了；7 月 6 日，德高望重的朱德委员长逝世。7 月 28 日，唐山发生里氏 7.8 级大地震，累计死亡 24.2 万多人。9 月 9 日，伟大领袖毛泽东主席逝世，举国上下沉痛悼念。中国的路将如何走下去？成为每个有爱国心的中国人思考的问题。10 月 6 日，以华国锋同志为首的党中央一举粉碎了王（王洪文）张（张春桥）江（江青）姚（姚文元）“四人帮”，结束了长达 10 年的“文化大革命”，举国上下一片欢腾，处处欢声笑语，普天同庆胜利。我们的祖国正在酝酿着一场伟大的变革，人民开始书写中国历史的新篇章。

同年 12 月份，我丈夫正式调到了晋中地委政策研究室工作。那年，梅 9 岁，在平遥火柴厂子弟学校上小学三年级。亮 7 岁，上一年级。景 4 岁，还在上幼儿园。

说起亮儿入小学，还是有点曲折的。那时的入学年龄是 7 周岁，以户口本上的出生年月为准，而且那时都是春季入学。1976 年春季，亮还差半岁多才满 7 岁，所以我跟学校左说右说想让他早些入学，教导处主任就是不答应。我想让他早些入学的原因有二，一是他的智力完全可以达到一年级学生智力的发展水平。他 5 岁时，奶奶扳着指头教他数数，他很快就认识了 100 以内的数。我教他 10 以内的加法和减法，他也很快就学会了，而且口算也很快。我的那些同事和学生们常常以让他算算术题逗他乐，甚至还给他加大难度。比如说：“亮，3 个半加上 5 个半等于多少？算对了给你块糖吃。”“等于 9。”小家伙眉头一皱，稍加思索就算出来了。于是他赢得了大家的一阵掌声，还得到了一两块糖，感觉美滋滋的。这就相当于他在经常不断地进行口算练习，所以到6岁时，50以内的加减法他都能很快口算出来了。这是其一。再就是他小时候很淘气，在幼儿园时，他就常常乘人不注意悄悄逃跑出来自己玩耍，很不安全。有一次在厂门口，险些让那个卖西红柿的小贩把他带走了，幸亏被我的几个学生发现，把他从小贩的车子上拉了下来。所以我就想让他早点上学，好让学校老师管着他些，我也能少操点心。可是他生日小一些，学校又不肯收。没办法，只好拐了个弯儿。我先让他到枣树坪山村小学入了学，再转学回到火柴厂子弟学校来，因为山村小学对入学年龄的要求没有那么严格。就这样拐弯抹角，到了夏天，亮终于成为火柴厂子弟学校的一名一年级学生了。

1977年上半年，上级领导为了解决我们夫妻两地分居的问题，决定调我到晋中聋哑学校工作。这样我们又要举家迁往榆次了。这次搬家就比上次从范村到火柴厂复杂了，家当也比上次多了。在火柴厂期间，我们自己请木工做了一对衣箱，两张单人木床，一个写字台，还有两把椅子，打磨、油漆都是本厂的工人朋友们利用业余时间帮助完成的。这些工人朋友帮人真心实意，舍得出力，厂里处处洋溢着一种浓郁的助人为乐的氛围，这种真诚而又纯洁的感情，只有生活在这些纯朴厚道的产业工人中，你才能深切地感受到、体会到。

1977年6月18日那天上午，我们全家就要向平遥火柴厂告别了。厂里派司机胡师傅开一辆卡车送我们到榆次。临行的前一天下午，工人朋友和子弟学校的老师、学生都来帮忙，他们帮着找来废纸箱、绳子，大家七手八脚帮我们把家具、锅灶等东西装上了卡车，并用绳子捆绑牢靠，准备第二天一早动身。临行的那天，早饭是在好友老梁家吃的，他的妻子就是子弟学校教师、我的同事尹老师。尹老师是一位教学经验丰富、师德高尚、深受学生爱戴的老教师。那天她不辞辛苦，和老梁为我们全家准备了一顿丰盛可口的早餐，还特别为三个孩子每人准备了两个煮熟的鸡蛋和一些水果糖，这在当时对孩子们来说，算是优等待遇了。因此姐弟三人十分欢喜，拿着鸡蛋和糖块一个劲儿地对尹老师说“谢谢！谢谢！”

“再见了！平遥火柴厂。”“再见了！亲爱的工人朋友们、老师和学生。”我们告别了送行的人们，爬上了卡车。丈夫和两个大孩子坐在卡车的车斗里，我抱着小儿子景坐在驾驶室副驾驶员的座位上。

汽车徐徐开动了，我向大家挥手再见的时候，不知怎么，一种依依惜别之情涌上心头。汽车驶过平遥古城以后，我的心情更加激动起来了，我将离开生我养我、多年生活和工作的这块古老的土地，离开我熟悉的朋友、亲人和同事……于是我的眼眶不由得湿润了。

故事 7

家庭小主人

1977 年 6 月，我们举家搬迁到榆次，在榆次市安了家。

丈夫在晋中地委政策研究室工作。我到晋中地区聋哑学校工作，当聋哑学校教师。梅和亮转学到晋中地委附近的反修学校，梅上小学四年级，亮上小学二年级。反修学校是榆次市原来的一所重点小学——寿安里小学。“文化大革命”时常讲要“反对修正主义”，当时跟形势改名为“反修”学校。“文化大革命”以后，就又恢复为原来的校名了。学校离家较近，两个孩子能够自己去上学，不用大人接送。景还不到 5 岁，我们送他到晋中地区直属的幼儿园。

童年姐弟仨（1978 年春节）

晋中地委机关在办公区后面的家属宿舍区暂时分给了我们一

间15平方米左右的旧房子。条件简陋得很，一间房子从前到后分成三节，后面两节地方十分狭小，又阴又暗，不适宜住人。前面向阳的那一节只有8平方米，一盘小炕只能睡三个人。家里没有自来水，吃水要到大院门外的集体供水处去挑。做饭生火用的炉子是“立火炉”，和我们在平遥老家用的“吸灶火”不一样。烧的燃料主要是煤糕、煤泥、煤球，煤泥是用煤面、烧土和水和在一起的稠糊状物，一块一块地摊在地面上晒干就是煤糕，将煤泥压成小球状晒干便是煤球。这种立火炉倒是用不着每天劈柴生火，晚上不用火的时候，就用煤泥把炉火口糊住，中间用“炉穿”扎个透气孔。所谓“炉穿”就是1米来长的一根一头带尖的铁棒。第二天早晨起来做饭，要提前半小时用“炉穿”把昨晚糊上的煤泥捅开，醒一会儿以后，火就慢慢着起来，即可烧饭了。但是如果掌握不好，第二天早晨火就会熄灭，那就得重新劈柴生火，既麻烦又费时间。诸如这些家务活，孩子们和我们一起学习，一起摸索着干，不几天就学会了，生活也很快适应了。10岁的梅不久就学会了捅火做饭，尽管她还够不着灶台，捅火做饭时，她还得踩个小板凳，但她总是积极主动地学着干活。8岁的亮放学回家后，就用一把小铁锹跟爸爸学着和煤泥，没几天，他的煤泥就和得不错了，还能帮着爸爸打煤糕呢！5岁的景的任务是掏炉灰，剥葱蒜，倒垃圾。三个孩子分工协作，干起家务活来井然有序。虽然当时我们的生活还是比较艰苦，但一家人能够团聚，吃苦享乐能在一起，我心里感到很满足。白天我们各忙各的事，晚上全家人聚在一起，大人孩子有说有笑，简陋的房子里充满了快乐、祥和的气氛。

和煤泥的“烧土”就是当地的一种红色的黏土，当地就有农民挖烧土出卖，若不想花钱买，就得自己到野外去挖。为了节省开支，我们家就是自己去挖烧土。记得我们到榆次安家的第一个星期天，就全家出动，到附近的土崖下去挖烧土。丈夫借来了镐头和筐子，我拿着铁锹，梅拿着自己家和煤泥用的铲子，亮扛着小铁锹，景背个绿色的军用小水壶，为大家带了壶开水，一家人一起去挖烧土。到了那个土崖下，丈夫用镐头刨，梅和亮用铲子和小锹一点一点地铲，我用铁锹把他们刨的烧土往筐里装，景用两只小手不停地捡土块往筐子里装，嘴里还哼着在幼儿园学的儿歌。六七月份天气炎热，我们干了一阵以后，个个汗流满面。这时，小景就把带来的水送到爸爸妈妈的嘴边说："爸爸妈妈辛苦了，喝点水！"等到我俩喝了几口后，他又把水壶递给哥哥姐姐，让哥哥姐姐喝。然后，他自己才捧起水壶，"咕嘟咕嘟"地把水壶里剩下的水一饮而尽。一家人欢欢喜喜，两个多小时，就挖了七八筐烧土，足够我们家用两个月了。我们全家愉快地满载而归，邻居们见了称赞道："看这一家子多好！孩子们小小年纪都会劳动，堪称全家劳动啊！"孩子们听到邻居的夸奖，看到自己的劳动成果，脸上都露出了愉快的笑容。孩子们体味到了劳动是辛苦的，但也是快乐的，光荣的。

我上班的晋中聋哑学校距我们住的地委宿舍有五里路。那个时候这里还不通公交车，只能骑自行车绕到猫儿岭走过去，或者抄小路步行。小路近一些，但是得下一条陡坡道，横过并列的五六条铁路，再沿着一条通往厂矿的专用小铁路步行三里路。小铁路两旁是比较高陡的土坡，坡上杂草丛生，一边的土坡上面还零散地分布着一些农舍。一直走到快到聋哑学校的那条街，再横过马路，才能到达聋哑学校。为了节省时间，我常常抄这条小路去上班，但穿过铁路时总是左顾右盼，提心吊胆，生怕火车驶过来躲不及，有时候还怕农户家的狗跑出来咬人。总之，走这条路是近一些，但实在是缺乏安全感。我刚到聋哑学校上班不久，曾领着景走这条小路到过一次聋哑学校，那次我反复告诫他过铁道时一定要左顾右盼，小心火车，过马路时必须瞻前顾后注意安全。

有一天下午，我刚下课从教室里走出来，本校的宋老师就对我说:“刚才我在传达室看见一个小男孩从大门口跑进来，我看他一头汗水，好像是你儿子，我也认不准，你快去看看吧。”我急忙跑到大门口一看，果然是景。我有些奇怪，他怎么会跑到这里来？因为那些天景因故未去幼儿园，让他暂先跟爸爸到办公室。景平时比较乖，是个很听话的孩子，他爸爸在办公室写材料，他自己在一边玩，从来不乱跑，今天他怎么一个人跑来了。我一边为他擦着汗，一边急切地问:“是谁让你来的？你是怎么来的?”

“我看不见爸爸了，就到这里来找妈妈了。”景满脸稚气、理直气壮地回答。

“爸爸知道你一个人到这儿了吗?”我问。

“不知道!”他干脆地说，“爸爸不见了，我不知道他到哪里去了!”

“你能认识到这儿的路吗？你怎么敢独自一人就跑到这里来?这是很危险的呀！你懂吗?”我心急火燎地说。

“上次妈妈不是领我来过一次嘛!”景的回答倒显得心平气和。

天哪！一个还不满 5 岁的孩子，独自从地委宿舍到聋哑学校，途经陡坡，横跨五六条铁路线，还要横过大马路，多么危险呀！我赶快到传达室给丈夫打电话，心里却暗暗怨他：能如此照管孩子吗？刚接通电话，丈夫就在电话里焦急地说:“孩子找不到了，我有事到别的办公室去了一下，回来就不见孩子了。”他心急如焚地继续说:“同事们帮我到楼上楼下、里里外外，四处寻找，把整个地委机关大院都找遍了，还是不见孩子的踪影……”看来他急得连话都说不上来了。

“孩子一个人跑到我这儿啦！”我提高嗓门告诉他说。

“什么？小家伙跑到你那儿啦！他怎么会找到你那儿呢？”他又惊又喜，电话里听见他长长地舒了一口气。

晚上回到家里，吃罢晚饭，在我的提议下，一家五口人坐在一起，就今天景擅自跑到聋哑学校这件事，召开了一次关于安全问题的家庭会。首先，丈夫讲了今天事情的原委、经过以及他找不到景时的焦急心情。他说：“假如要是景今天真的出了什么事，我可怎么向大家交代呀！孩子们啊！安全问题实在是太重要了。”接着是梅的发言，她十分严肃地批评小弟说：“你一个这么小的孩子，还需要大人呵护，怎么能不告诉爸爸就敢擅自走那么危险的路去找妈妈，横过铁道时一旦火车驶过来怎么办？再说，要是遇上个坏人把你带走，你就再也见不到爸爸妈妈、姐姐哥哥了，你懂吗？”

“看不见爸爸了，我就要去找妈妈嘛！妈妈带我走过那条路，我认得路。”景有些不服气地说。

“爸爸出去时没有告诉你，是爸爸的错，但是你独自出去，应该征得大人的同意才行。”丈夫作了自我批评以后，景才开始服气了。

“景，你今天的行动是非常错误的，要是碰上农户家的那条大恶狗出来，你就有被恶狗咬伤的危险呀！难道你不害怕吗？”亮一本正经地批评小弟。

经过爸爸妈妈、哥哥姐姐耐心的晓之以理的说服教育，小景终于认识到了自己的错误，表示今后一定要改正，一定要注意安全。我赞赏了三个孩子的安全意识，肯定了景是一个能够认错改错的好孩子。另外，这一事件还使我们意外地发现了景这个孩子从小就有较强的认路记路能力，他的方位感比较强，以致他长大以后走南闯北，没有发生过什么差错。我最后说：“从今以后，咱们全家人都应该牢牢树立安全意识，诸如严格遵守交通规则、出门时检点好自己的东西、关锁好门窗、不轻信陌生人等等。”总之，通过这次家庭会，丈夫和我以及孩子们的安全意识大大增强了。每当出门时，大家都会互相提醒：“要注意安全啊！”

当时，我们家里唯一的交通工具就是一辆破旧的“飞鸽”牌加重自行车。有段时间丈夫骑自行车出门，我就得步行去上班。记得那是8月下旬，那些天总是阴雨连绵，我步行上班到聋哑学校，上坡下坡的道路实在是泥泞难行。有一天，下午快要下班的时候，天空突然乌云密布，雷声隆隆，一阵大雨过后，天还在稀稀拉拉不停地下着雨。下大雨那一阵子，我心里一直惦念着两个上学的孩子，担心他们放学回家时淋了雨。那天上班，我因急着去开会，忘记了带雨具，所以只好冒雨匆匆忙忙抄小路往家赶。路上，远远地看见一个小姑娘，圆圆的脸蛋，头上扎着两个小辫子，肩上一前一后搭着两只雨鞋，一手提着草帽，一手打着雨伞，正在土坡上面的小路冒着雨急切地前行。我模模糊糊看着好像是女儿梅，但立刻又想：女儿放学后会和弟弟在家里写作业的，不会到这里来的。

“妈妈，妈妈！”传来一个亲切而脆嫩的声音，我怔住了，抬头定睛一看，果然是女儿梅在喊我。看见我以后，她飞也似的向我跑来。

“你怎么跑到这儿来啦？”我奇怪地问。

“我和亮放学回家后，就下起了大雨，看见妈妈的雨鞋和雨伞没有带上，就想：我得赶快给妈妈送去，不然妈妈会淋雨的。”

女儿十分爽朗地回答之后，还很神气地告诉我说：“妈妈，你知道吧，我已经做好晚饭啦！”

“是吗？你做什么饭了？”我有些惊喜，我女儿真的能做一顿五口人的晚饭了？

“小米稀饭，还有玉米面煮疙瘩，就像妈妈平时做的那样。”女儿那张充满稚气的脸上此刻显得是那样自信和自豪。

我穿上女儿送来的雨鞋，打着女儿送来的雨伞，和女儿高高兴兴地往家走。此时，一股幸福的暖流在我的心头涌动着：女儿才10岁，个头儿还在我的腋下，她就懂得疼爱妈妈，为妈妈送雨具，替妈妈操心。有这么一个聪明伶俐、充满爱心的好女儿，怎么能不令我欣慰和自豪呢！想到这里，我紧紧抱住女儿，轻轻地吻了吻她的额头说：“你真是妈妈的好女儿！”一路上，母女俩边走边聊，心里好温暖、好快活！

回到家里，天已经快黑了。晚上，一家人坐在一起，一边吃着女儿做的晚饭，一边愉快地交谈着。尽管今天的小米稀饭熬得稠了些，煮疙瘩大小也不均匀，但毕竟是一个10岁的小姑娘做的，这是多么不容易啊！我又炒了个土豆丝，粗茶淡饭，一家人吃得津津有味。谈论间，我夸奖梅不仅学习努力，成绩优秀，而且懂得疼爱父母，关爱弟弟。我说：“今天梅为妈妈送雨具，还替妈妈操劳，为大家做了可口的晚饭，妈妈十分感激你。”丈夫对梅突出的表现也给予充分的肯定和鼓励。他说：“像梅这样从小就有爱心的孩子，小的时候懂得爱父母、爱家人、爱老师，长大就是一个爱祖国、爱人民的好公民。”得到爸爸妈妈的表扬和赞许，梅的内心充满自信和满足感。亮和景对姐姐又羡慕又敬佩，他俩拉着我和丈夫的手说：“我们也做爸爸妈妈的好孩子！”我摸了摸他俩的头，满怀深情地说：“好！”

从那以后，亮和景也开始学着姐姐的样子，每当遇到下雨下雪或者天气骤然变冷的时候，他们就会争着为亲人送衣送物。三个孩子都渐渐地懂得了关心爱护自己的爸爸妈妈。比如，看见我和丈夫吃上顿剩的饭菜，亮和梅就会抢过来自己吃，不让爸爸妈妈吃剩饭，有好吃的东西总是尽量让着父母。姐弟之间互相关心，互相爱护，尤其是梅，对她的两个弟弟非常关爱和谦让，家庭中逐渐形成了一种互敬互让、互相关心、互相爱护、尊长爱幼的良好风气。我深深体会到，一个有价值感和成就感、被寄予厚望的孩子，他（她）的很多举动就会越来越有担当，就更懂得付出、谦让和宽容。因为他（她）对自己的定位是：我是一个对家人负责任的人。这样，孩子对家庭的责任心就逐步地培养起来了。而且随着孩子渐渐长大成人，这种责任心也会逐渐增长，以后参加工作，步入社会，他（她）就是一个对工作、对社会、对国家有责任心的人。三个孩子后来的成长充分证明了这一点。

1977 年 10 月，聋哑学校新盖的宿舍正好要分配。我向学校递交了申请，学校分配给了我一套使用面积为 48 平方米的住房。两大间向阳的正房，采光很好，外面另加一个 6 平方米的小厨房，到冬天就是一个天然的冷冻储藏室。家里虽然没有暖气、水龙头等卫生设施，但院子里就近就有水龙头，打水也比较方便，院子的西头有公厕。这样的住房条件对我们来说，已经是很满足了，我参加工作 15 个年头了，还是第一次住上这么宽敞的房子。我从心底里感激老校长王银兰同志对我的关心和照顾，我只有加倍努力工作，以出色的工作成绩报答他。

我们简单地收拾了一下房子，准备赶 11 月初天冷了，家里生着火的时候就搬进去。可是那段时间，丈夫工作特别忙，经常出差、下乡，总是顾不上家。我一个人里里外外忙得不亦乐乎。

首先不能耽误工作，三个孩子的饮食起居也必须管好，还得收拾房子准备搬家。除此之外，还有因搬迁带来的两个大孩子转学和景的入托等问题。聋哑学校的对面就是榆次市太行小学，也是一所不错的小学。斜对面是榆次一中，是全区的重点中学。在这里居住，对孩子们上学极为方便有利。所以我想尽快让梅和亮转学到太行小学。可是，那些天我实在太忙了，连给两个孩子办理转学手续的工夫都没有。那天晚上，两个孩子做完作业以后，我试着问梅："梅呀，你看妈妈这些天忙得什么都顾不过来，你能不能跟你们班主任李老师商量一下，把你和弟弟的转学手续办了？"我想先试探一下，看她有没有去办这件事的勇气和信心。

"能啊！只要妈妈告诉我怎么个办理法就行。"她蛮有信心地回答。

看到孩子有勇气、有信心自己去办理转学手续，我心里十分高兴。我首先肯定了她敢于承担任务的积极态度，鼓励她大胆去办，然后详细嘱咐了她具体办法，并鼓励她说："我看你是能够办好这件事的，这对你来说也是一次锻炼。"当时我的想法是：孩子自己能做的事，父母就应当大胆放手，鼓励他们学着去做，去经受锻炼，这对孩子的成长是大有好处的。

第二天下午放学回到家里，两个孩子高高兴兴地跑到我的面前，梅一边小心翼翼地从书包里往外掏东西，一边兴奋地告诉我说："妈妈，你看，我们已经开上转学证明了。"

"是真的吗？让妈妈看看。"我一看，果然是盖有反修学校的大红印章的王梅和王亮的转学证明。

"祝贺你的成功！告诉妈妈，你是怎么办成的？"我问。

"我按妈妈说的那样，先给班主任李老师把我们家要搬到聋哑学校宿舍的事说了，我说我和弟弟要求转学到附近的太行学校去。我妈妈这两天工作太忙，实在顾不上来，想请李老师帮助我开个转学的证明。李老师点头同意了，她就领我到了教导处，我让弟弟也去了，我们说明情况以后，教导处主任就给我和弟弟开了转学证明。”梅兴高采烈地讲述着办事的经过。

“太感谢你们学校教导处主任和李老师了！”我对李老师的真诚帮助发出了由衷赞叹，我了解李老师，她是晋中地区的一名优秀教师。

“我们都感谢过李老师和教导处主任了。”两个孩子异口同声地说。

“好孩子！你们做得很棒，妈妈的孩子果真能行！”我兴奋地表扬了他俩。他俩高兴得跳了起来。

第二天，我就领着两个孩子到太行小学，找到了校长和教导处主任，办理了转入学手续，见到了他们各自的班主任老师，并主动向他们各自的班主任老师介绍了孩子的学习、个性、兴趣爱好以及他们的主要优缺点等情况，好让老师针对性地给孩子施以教育。正好那年全国由春季招生改为秋季招生，梅刚满 10 岁，跟四年级班。亮还差一点 8 岁，跟二年级班。

这件事虽然已经过去 30 多年了，但我至今还记忆犹新。因为他们自己办理了转学手续，不仅帮了我，减轻了我的负担，更重要的是孩子们从中得到了锻炼，增强了他们的自信心，培养了他们独立办事的能力。而我从中也悟出了一点教子的道理和方法，那就是：从小培养孩子独立活动和独立生活的能力，在孩子的成长过程中非常重要，也是促进孩子智力发展的重要条件。而培养和发展这些能力，关键在于家长对孩子的充分信任、积极引导和鼓励。所以，在孩子们成长的过程中，我经常有意识地放手让他们独立活动，从小培养他们自强自立的品格。

就要搬家了，可是丈夫一直在下乡，总是忙，总是抽不出时间来。眼看就要到 11 月份了，天也渐渐地冷起来了，我不能再等他了，于是我决定自己想办法把家搬过来。那时候我们各方面条件都很差，搬家是件很麻烦的事，多亏我的同事张正竟和几个大点的聋哑学生鼎力相助，我们硬是用人力和小平车把东西一趟一趟地运了过去。记得刚搬过去的那天晚上，暖炕还没有全部烤干，我把自家的两个单人木床并在一起，上面铺了床棉被，我们母子四人就挤在这个床铺上。搬进新家，孩子们说说笑笑，好不快乐！一会儿梅就高兴得唱起歌来，亮和景兴奋得从床上跳到炕上，又从炕上跳到床上，这是我们第一次住这样大的房子呀！孩子们乐够了，也乐累了，他们躺在我的身旁，一会儿就都酣然入睡了。只是我还翻来覆去睡不着，可能是因为劳累了整整一天，睡在新家里又兴奋的缘故吧。我爬起来，开了灯，给他们盖好蹬开的被子，仔仔细细地端详着这三张可爱的、充满稚气的脸，然后轻轻地吻了吻他们。我已忘记了一天的疲劳，脸上露出了幸福的笑容。我心里默默地念叨着：三个宝贝啊！妈妈历经千辛万苦，只盼望着你们茁壮成长，将来成为社会的优秀人才……

丈夫下乡回来以后，我们已经把家全部搬过来了。他的同事赞许地说：“你爱人真行啊！男人不在家，就把家搬了！”

“嗯！我们这个家，多少年来一直就是靠她操持来着，她总是支持着我，而从不依赖我。”丈夫说得多少有些不好意思起来，接着他又补充道：“为此，我总觉得对她有些亏欠。”

搬到聋哑学校宿舍居住以后，我们各方面条件都有了改善。梅、亮上学很近，出家门不远过马路能就到太行小学。我可以不分上班下班，全身心地投入工作。晚上，我也可以到教室里去辅导学生晚自习，或者处理一些工作上的事情。景上了一段时间幼儿园，搬家后因为比较远了，接送不太方便，花费又比较高，他自己也不太乐意上幼儿园，所以就干脆不送他去幼儿园了。白天我去上班，就把他锁在家里，让他独自在家里玩。景从小就比较听话，是个乖孩子，随便给他些画报或小玩具之类的东西，他就会乖乖地待在家里一个人玩。然后，我可以抽课余时间回去看看他。就这样过了半年多，直到第二年我父亲来和我们一起居住。

其实，这半年多景一个人待在家，他也是很寂寞的。记得他上初中的时候，写过一篇题为《冰花》的作文。这是一篇很生动感人的小散文，主要内容是写他自己5岁的那年冬天，一个人待在家里孤独寂寞得哭了起来时，看见玻璃窗上结了冰的那美丽纯洁的冰花，生动地描述和刻画了当时的情景，抒发了自己的思想感情。当时这篇作文，他的语文老师在全班做了讲评，后来又发表在《晋中报》上。

1979年春节，我为每个孩子都赶着缝制了新衣裳，丈夫还给孩子们买了鞭炮。大年初一早晨一起床，三个孩子就穿着新衣，戴着新帽，向丈夫和我问好、拜年，我们兴高采烈欢度佳节。亮拿着鞭炮，景点了一炷香，兄弟俩跑到院子里和小朋友们一起噼里啪啦地放起了鞭炮。吃完香喷喷的饺子，我们一家人就高高兴兴地到榆次市照相馆合影留念去了，一路上，孩子们蹦蹦跳跳，围绕在我和丈夫的左右，一家人欢欢喜喜，其乐融融！这和几年前我们母子在范村过年时的那种凄楚情景，形成了鲜明对照。

第二天，正月初二，丈夫和我带着亮、景回平遥老家去看望他们的爷爷奶奶，梅一人留在家里看家。因为当时我们家里还喂有5只鸡，每天总得有人喂养和料理。再就是家里的炉火也不宜灭掉，家也得有人看着才好，这次梅自告奋勇留下来照料家。临走时，我叮嘱梅注意安全，管好家，并安顿好她的饮食，又委托了我的同学、好友玉卿晚上去照看她。尽管这样，留她一个人在家，我们心里总是有些不放心，毕竟她才11岁呀。

我们回老家走了整整三天。在老家，我心里一直惦念着留在家里的女儿。第四天回来，我们一进门，梅就滔滔不绝地给我们汇报她这几天照看家的情况：她怎么捅开炉火自己熬粥、煮挂面吃；怎么给鸡准备饲料喂鸡，晚上把鸡窝关严，以防黄鼠狼钻进去伤害了它们；把她这几天写的日记和作业一页一页地翻给我们看。她说："爸爸妈妈走后，有两个大人带着一个小孩来过，一开始我没有给他们开门，隔着门跟他们聊了几句，确认他们是爸爸妈妈的朋友后才开的门，我还招待他们喝水，给小孩吃糖……"梅兴致勃勃地给我们描述着。然后，她从柜了里拿出一个鸡蛋来，只见蛋壳上用铅笔写着："我家第一蛋。"她双手捧着这枚鸡蛋，并饶有兴致地对我们说："你们看，这是咱家的母鸡前天下的首枚鸡蛋！"

"啊，咱家的鸡果真开始下蛋了！"两个儿子惊喜地凑了过来，拿起这枚鸡蛋看了又看，爱不释手，高兴得不得了。因为那些年家里不富裕，孩子们平常是吃不到鸡蛋的，只有春天鸡蛋价格便宜了以后，我们才会买点吃。这次家里喂养了5只鸡，而且开始产蛋了，这对孩子们来说，当然是一件很值得高兴的事了。

"那你怎么不把鸡蛋吃了？"我问梅。

"我怎么舍得一个人吃了呢！我得等到爸妈和弟弟们回来看了以后，咱们一起吃才好呀！"她回答得是那样自然，那样真诚。

我们离家走了三天多，女儿把家料理得这么好，一个鸡蛋自己舍不得吃，还要等到爸爸妈妈和弟弟们回来再吃，对于一个11岁的孩子来说，是多么的难能可贵啊！我被女儿的表现感动了，我由衷地夸奖她说："我们的女儿长大了，懂事了，成了爸妈的得力助手啦！”两个儿子对姐姐也十分敬佩，他们竖起大拇指说：“姐姐就是棒！”

过了两天，在榆次工作的同乡锦录和桂英来家串门时，用赞许的口吻告诉我们说：“我俩初二的时候就到你家拜年来着，你女儿关着门，问了我们好多话，才让我们进去，看来你们这个女儿，年纪虽小，但安全意识还是蛮强哟！”

“因为我们平时就常常教育孩子们对陌生的人要提防，以免受骗上当，孩子们从小接受一些安全方面的教育和知识，还是很必要的嘛！”丈夫笑着说。

1979 年秋季开学，梅在太行小学五年级毕业后，上了榆次一中初中。这时，景也差两个月就满 7 周岁了，也该上小学一年级了。可是太行小学一年级招生要求必须满 7 周岁才行，还要查看户口本。太行小学和我们聋哑学校是近邻，这两年我和梅、亮的老师都比较熟了，所以那天下午，我没有带户口本，领着景试着去报名。我跟那个负责报名的张老师说孩子的年龄是差一点儿，但智力还行，恳求张老师让他报名上学。张老师态度比较犹豫，她看到景在那里一会儿用手摸一摸桌子上的东西，一会儿又动一动抽屉上的把手，就说这孩子爱做小动作，注意力肯定不会集中，上了学也恐怕跟不上，表示出不愿意收的样子。这时，正好亮的班主任李老师到这里取东西，听说是亮的弟弟，她十分爽朗地对张老师说：“收下吧，没问题，他哥哥王亮就在我班里，可聪明呢！他弟弟也差不了。”李老师的这两句话真管用，张老师被说服了，当下就给景报上了名。景就这样入学了。

我给景准备了书包、文具盒、铅笔等学习用品。第二天上午，我送他到学校。他背着书包，哼着儿歌，拉着我的手高高兴兴地去上学，显出蛮得意的样子，一边走一边对我说：“我是一名一年级的学生啦!”我嘱咐他要听老师的话，好好学习，天天向上，像姐姐哥哥那样，当个好学生。可是，没过几天，一件令人挠头的事就发生了。

一天下午，还不到放学的时间，我上班还没有回来，景突然背着书包哭着鼻子跑回家里来了，他把书包往桌子上一扔，气呼呼地对我父亲说:“姥爷，我不去上学了!”

我父亲不知所措，着急地说:“好不容易才报上名，怎么又不去上学了?”

恰逢那天下午梅回家早，遇上了这桩事。她问弟弟：“这是为什么，怎么能随随便便就不去上学了呢?”问清楚事情的原委之后，没等我回来，梅就赶紧领着弟弟又返回学校去了。

原来，景的班主任张老师在上语文课的时候，中间有事出去了一会儿。在这段时间，班里的孩子们因为刚刚上学，还不大懂得学校的规矩，所以他们就利用机会交头接耳、嘻嘻哈哈、吵吵嚷嚷地玩耍起来，教室里一片混乱。张老师回到教室看到学生们乱糟糟的就生气了，她气冲冲地大声斥责孩子们不守纪律。景的座位在最前排，老师进来一眼就看见他在那里，叽叽嘎嘎地和周围的同学说笑，就严厉地训斥他说:“你这么不守纪律，不想上学你就干脆回去!”景从来没有受过这么严厉的批评和训斥，他感到非常委屈，他觉得，大家都交头接耳、叽叽嘎嘎地说笑来着，老师为什么就只训斥我一个人？这太不公道了。于是他生气地站起来，背起书包，扭头就离开教室，跑回家来了。

梅拉着弟弟的手往学校走，边走边开导他说:“上了学就是受教育，挨老师批评是正常的事，即使老师批评得不恰当，可以向老师解释，但不能挨了批评就不去上学，上学是你自己的事，不上学跑回来就是你的错，我领你去向老师认个错，你以后要听老师的话，好好去上学。”景开始有些不服气，有些不情愿跟姐姐向老师承认错误去，经姐姐这么一说，他心里开始明白了，就跟着姐姐到了学校。但这时候，张老师已经下班回家了。梅就拉着弟弟问询着找到了张老师的家。见到张老师，梅和弟弟恭恭敬敬地给张老师行了个礼，梅说：“张老师，我弟弟他年纪小，不懂事，擅自跑回家，他现在知道自己错了，来向您承认错误，请您原谅他吧！”

梅领景向张老师认了错，张老师没有再说什么，也就是原谅景了。这次可能张老师也意识到自己工作方法上存在的一些不足，在以后的日子里，张老师对景一直十分爱护关照，景学习也很努力，成绩优秀，班里发展第一批少先队员，景就光荣地带上了红领巾。

下午下班回来以后，梅和景给我详细地讲了这件事的经过。这时，我觉得女儿确实是我身边一个不可缺少的帮手。我称赞她说：“谢谢你替妈妈做了一件重要的、很有意义的事，你是一个很有责任心的姐姐。”又对景说：“姐姐帮助了你，你应该感谢姐姐。你勇于认错改错，这就很好，你和姐姐都是好孩子，妈妈非常爱你们。”姐弟俩受到了妈妈的肯定和表扬，心中充满了喜悦，高高兴兴地各自做功课去了。

故事8

新时期　新环境　新起点

到1977年，我从事普通教育工作已经15个年头了。在这些年的教学实践中，我积累了较为丰富的教学经验。但是到聋哑学校从事特殊教育工作，教育对象完全变了，教的是先天或后天丧失了听觉、不会说话的聋哑孩子，这与普通教育的差异很大。聋哑学校的教师要求是特教专业的师范毕业生，或者是专门受过特教培训的教师，而且必须是有爱心、有耐心、有同情心的人方可胜任此项工作。我既不是特教专业的，又没有受过专门训练，所以到这里工作，困难和压力是可想而知的。几乎一切都得从头学起，从头干起。但是我很自信，觉得只要自己有决心、有信心，通过不懈的学习、努力，没有克服不了的困难，在特殊教育领域里，同样能够干得好。我生性善良，和这些聋哑孩子一接触，对他们就产生了悲悯心，也深深理解他们父母的难处和家庭的困难。我认为能为这些身残的孩子献出一片爱心，使他们能够受到教育，茁壮成长，残而不废，自食其力，是一件很有意义的事。关爱残疾儿童，搞好特殊教育是社会文明、进步的体现，也是社会、家庭和教育工作者的责任。

晋中聋哑学校是"文化大革命"之前建立的一所特殊教育学校，面向晋中地区13个县（市）招生，是晋中地区教育局的一个直属单位。"文化大革命"中，该校派性斗争残酷，属"文化大革命"的"重灾区"。当时学校只有20多名教职工，就有老校长、教导处主任和一位年轻教师以莫须有的罪名被关进了监狱，还有一位女教师因恐惧批斗而自杀。“文化大革命”结束以后，受迫害的同志平反昭雪陆续回到学校工作。但是派性斗争的余毒尚未消除，学校里人心涣散，一些人互相忌恨，闹不团结。复职后的老校长王银兰同志积极贯彻落实党的政策，拨乱反正，治理整顿，随着全国形势的逐步好转，学校工作也逐渐步入正常轨道。我了解到这些情况以后，在聋哑学校工作期间就特别注意提醒自己处理好与各方面的关系，绝对不能使自己介入任何派性纠葛，而是要把全部身心都放在工作上面，潜下心来一心一意学习钻研聋哑教育理论，尽心竭力搞好自己的本职工作，在教学实践中努力探索聋哑教育规律。所以，很快我就学会了聋人手语，并能和这些聋哑学生进行交流。一个多月以后，就开始代课了。我在工作中刻苦钻研，大胆实践，虚心学习他人经验，积极参与校际交流。1978 年秋和 1979 年春，学校两次派我到北京、天津、石家庄等地的聋哑学校参观学习，使我大开眼界，在思想观念、教育理念、教学方法和工作思路以及对特教工作的认识等方面都有了很大提高，更激发了我对聋哑教育工作的兴趣，这对我的工作以及后来的发展有很大的帮助。

1978 年 12 月，党的十一届三中全会召开，彻底纠正了“文化大革命”的错误，确立了坚持改革开放、以经济建设为中心的政治路线和方针政策。国家的政治、经济形势开始全面好转，中国从此开始了一个历史性的大转变。就像歌曲《春天的故事》中唱的那样，“迈开了气壮山河的新步伐，走进万象更新的春天”。国人的思想观念随之也发生了前所未有的变化和更新。邓小平同志提出的“拨乱反正”“尊重知识、尊重人才”的方略，在社会上产生了很大的反响，科学技术、文化教育事业得到前所未有的重视和发展。一批老干部、高级知识分子先后平反昭雪，得到了解放。人们看到了曙光，看到了发展机遇，许多有识之士摩拳擦掌，准备在这新的历史时期干一番事业，实现自己的梦想和人生价值。举国上下出现了一派生机勃勃、欣欣向荣的新气象。

记得1979年春天，我们一行8人，由老校长王银兰亲自带队，到北京、天津两地聋哑学校参观学习。这次出去学习，我们因经费有限，吃、住、行条件都很差，但我们压根儿就不在乎这些，只想着出去能多学点东西回来。在天津聋哑学校的一周，我们每天深入班级听课学习，听优秀教师介绍教学经验，和那里的领导、教师进行座谈，面对面地向他们讨教，和他们切磋探讨有关聋哑教育方面的问题。最使我开眼界的是天津聋哑学校的律动课教学。学生们在他们的律动教室里上课，这律动教室的地板和普通地板不同，它是根据聋哑人无听觉但触觉灵敏设置的，是可以振动的。聋哑学生上律动课的时候，教室里奏响音乐，随着音乐节拍，地板振动，没有听觉的聋哑学生就能在教师的训练指挥下，凭着对地板振动的感觉，翩翩起舞。这样聋哑孩子们那优美轻柔的各种舞姿就随着音乐的节奏展现在你的面前了，看起来和健全学生毫无差别。这是我第一次见到这种特殊的教学境况和方法，开始我们觉得这实在是太神奇了，残疾人的感官和肢体功能的互补作用真让人感叹！2005年，春节联欢晚会上聋哑人表演的精彩绝伦的节目《千手观音》，就是利用聋哑人敏锐的视觉和触觉功能，来补偿他们失去的听觉功能，经过艰苦训练完成的，和律动课的原理是一样的。在那里学习，我们自己交伙食费和粮票，每天和聋哑学生在一起吃饭，晚上就寝于他们的教室里。可是我一点也不觉得苦和累，心中总有一种满足感，觉得自己在这里能够学到不少东西，取得不少宝贵经验，是多么难得和幸运啊！

北京的四所聋哑学校，我们都去参观学习了。重点是在北京第四聋哑学校参观学习，因为当时全国特殊教育方面的研究机构及专业人员大都在北京第四聋哑学校。在这里，我们不仅通过听课、参加各种教学活动来学习他们的经验，还有幸听到了特教专家的讲课。我如饥似渴地学习并汲取这些经验和理论，感到受益颇大，心中充满了喜悦。参观学习结束后，我们到天安门广场、革命历史博物馆、故宫、中山公园、北海公园等景点参观游览，在天安门广场合影留念。我还在人民英雄纪念碑前单独留影一张。这次，大家都情绪饱满，热情高涨。我们一行的 4 个女教师心血来潮，感觉思想一下子解放了，于是就相跟着到理发店去烫了发。我们几个可都是有生以来第一次烫发呀！改变了发型，仿佛自己的长相模样、精神面貌以及内心世界也改变了似的，照着镜子反复瞧，来回看。心里嘀咕着：这个模样回去了，同事和家人见了会怎么看？要是现在，烫发算个啥事呀，还用得着那样动心神！可是那个时候，人的思想有的解放了，有的还被禁锢和束缚着。整个社会在发展变化，人们的思想观念也正处于转型和发展变动时期。

下午从理发店出来，我就到北京前门商业区给老父亲和孩子们买了点礼物，也就是一些便宜的日用品。之后，我坐公共汽车匆匆赶往北京火车站，准备晚上坐火车回榆次。在北京站的饭店，我买了碗大米饭吃，好香啊！这时，我想到家中的老父亲和三个孩子，他们很少能够吃到这样醇香的大米饭，所以很想给他们带点回去。于是，我就用兜里仅有的一斤全国粮票，买了两大碗大米饭，用我那块干净的大手绢包起来放进提包里。我们坐在慢车硬座上，摇晃颠簸，整整一夜没有睡着。到凌晨两三点钟时，我开始头晕恶心，并且浑身难受，是晕车了。我赶紧自己揉按内关穴和太阳穴，天亮以后不适的状况才慢慢有所缓解。那一次，老校长和我们一样，他虽然已年近花甲，却也没有舍得为自己买张卧铺票。

早晨8点多钟，火车到达榆次北站，丈夫骑着自行车到火车站接我。他见到我，接过我手中的包裹，就笑着说："哟！变样了，我们家也有了个'烫发头'啦！"

"你看我烫了发好不好?"我坐在他自行车的后座上试探着问。

"挺好呀！"他接着说，"出去学习就是好哇！一看就是思想解放了。"

回到家里，一进门，孩子们和老父亲就高高兴兴地迎了上来。老父亲笑盈盈地忙着给我倒水盛饭。女儿拍着手笑着说："欢迎妈妈，啊！妈妈烫发啦！"两个儿子拥上来嚷着："妈妈肯定给咱们带了好吃的、好玩的东西回来了！"我把给他们带回来的大米饭拿出来，当下就打了两个鸡蛋在油锅里炒了一下，一股香味儿爆出来了，孩子们高兴得手舞足蹈，全家老小欢欢喜喜地品尝着我从北京带回来的这点大米饭。时隔10多天没有看见他们了，我坐在一旁看着他们吃着香喷喷的大米饭，心里乐开了花。

由于我勤奋学习，努力工作，所以在比较短的时间里，我的教学能力和教学水平有了较大的提高。我所带的班级，年终期末考试成绩在全年级名列前茅。我教的学生在各方面都进步很大。我常常用美国历史上伟大的女性、从小失去视觉和听觉的海伦·凯勒的故事激励他们，使这些聋哑学生逐步树立起战胜困难、勇敢地面对生活的勇气和信心。我以较强的工作能力博得了学校领导的赞许，赢得了聋哑学生及其家长们的爱戴。这些聋哑孩子都住校，只有寒暑假才能回家。天气凉了，有的家长还没有及时为孩子送来防寒的衣服，我就把我和孩子们的甚至我丈夫的衣服都拿出来给他们穿上。他们生病了，我为他们寻医讨药，像他们的家长那样无微不至地关照他们。因此，我每个学期总能得到家长们真诚的感谢和赞许。我本人连续三年被评为先进工作者，并担任了教研组长。1979 年我光荣地加入了中国共产党，实现了多年的夙愿。

1980 年，我代表晋中聋哑学校出席了晋中地区召开的优秀班主任工作会议，并在大会上做了经验交流。那次会议是在寿阳县开的，开始做经验交流的都是全地区重点中小学的优秀班主任。会议把我的发言安排在上午最后一个。轮到我上台发言时，已经是快到吃午饭时分了。我心里想：开了一上午的会，参会人员肯定是又乏又饿，我的发言人们不一定想听了。但我转念又想，既然要我发言，我就要满怀信心地讲好。我的发言材料准备得比较充分而且都是我非常熟悉的一些事例，所以讲起来得心应手。我刚登上讲台，掌声稀稀拉拉，鼓掌的人寥寥无几。但我镇定自若，不慌不忙，绘声绘色地把自己投身聋哑教育的体验以及对聋哑孩子的真情实感娓娓道来。我越讲越带劲，台下的人越听越感兴趣。已经到了吃饭的时间，但大家听讲的兴趣却丝毫没有减弱。到中午 12 点半，我的发言结束时，会场上响起了热烈的掌声。到餐厅吃午饭的时候，参会的人们纷纷和我打招呼，向我祝贺，夸奖我的发言有水平，很感人。还听见一些素不相识的同志在一旁赞许道：“人家这可真算得上是人类灵魂的工程师了！”

改革开放的春风吹遍了祖国大地，经历了十年“文化大革命”困惑的人们，特别是中青年一代，沐浴着新时代的阳光雨露，如饥似渴地学习文化知识和科学技术。一批又一批的优秀人才雨后春笋般地成长起来。1980年，我和周围一些年轻的教师为了进一步提高自己的文化水平，参加了山西刊授大学中文专业的学习。学制4年，主要靠自学，重要的面授课还要到太原去听。繁忙的工作和繁重的家务负担在身，没有科学合理的时间安排，没有顽强的毅力，要能较好地完成学业是很困难的。这不，我们学校的那几位青年教师在坚持学习了不到一年时间后，就都半途而废了，只有我一个人坚持了下来。

那些年，每天晚上，当我忙完工作和家务，查看了三个孩子的学习情况后，就开始自学我的课程，往往直到深夜。丈夫也是一个爱读书、喜钻研的人。他的业余时间，除了帮我干点儿家务以外，读书看报、写作是他的嗜好。有时候，他把读了的书讲给孩子们听。他还经常把工作带回家，加班加点写东西。我们家的每个成员都是在专心致志地做着自己的事情，家里总是充满浓浓的学习钻研的气氛。孩子们做完自己的功课之后，还时不时地给姥爷和爸爸妈妈做一番表演，显示一番自己的本事。如梅为大家唱一首英语歌，亮带着表情大声背诵一首古诗，小景也不肯示弱，挺起胸膛扯开嗓子朗诵一段自己学过的课文。在受到大人们的夸奖之后，他们就各自洗漱，高高兴兴地钻进被窝里去了。每逢节假日，特别是寒暑假，我总是要订出自己的学习计划和作息时间表，贴在墙上，严格实施，并希望孩子们评议监督。三个孩子也学着妈妈制订了自己的学习计划和作息时间表，也各自挂起来，遵照执行。特别是女儿梅，计划订得既认真又可行，实际做得又好，常常得到爸爸妈妈和姥爷的夸奖，自然成为她两个弟弟学习的榜样。我不会忘记，在炎热的暑期，我们母子四人坐在一个空旷的教室里专心致志地学习，做各自的功课，有问题时就讨论研究，有时甚至还会为一个问题争论起来，孩子们各抒己见，直至最后得出正确的结论。和孩子们在一起学习的那种气氛和效果，感觉真好！正因为这样，我对每个孩子的学习情况、存在的问题都能够及时了解，进而对他们给予及时的指导和帮助。有时候，我还能从他们那里得到一些启发呢！我认真学习、刻苦钻研，无意中给孩子们做出了榜样。我的学习精神和学习态度，孩子们看在眼里，记在心里，体现在行动上。他们心里想：妈妈是个老师，都快 40 岁了，工作那么繁忙，家务又那么繁重，还在挤时间不断地努力学习，我们更得好好学习才行呀！梅类似的话就曾给两个弟弟说过多次。老父亲和丈夫也常常以我挤时间刻苦自学的事实教育他们。同时，孩子们勤奋、自律，蓬勃向上的精神也在激励着我，事实上，我和孩子们是在共同成长呢！

经过 4 年的刻苦努力，我终于以优异的成绩完成了学业。学习期间，我在学刊上发表过有关自学成才方面的一些文章，记得读小学四年级的小景还替我抄写过文稿呢！他那认真细致、一丝不苟的作风就是从那时候开始养成的。我的一篇题为《自学给了我力量》的文章在学刊上发表以后，全国好些学友来信和我交流心得体会，向我学习自学的经验和方法。1984 年秋，我作为优秀学员代表参加了在西安召开的自学成才促进会。记得那次会上，张海迪代表（5 岁时因患脊髓血管瘤导致高位截瘫，是当时社会上自学成才的典范，现任全国残疾人联合会主席团主席）虽然因故没有参加，但她托人为大会带来一盘她自己的录音带，相当于她本人在大会上的发言。总之，坚持自学为我的思想水平和工作能力的提高以及后来的发展奠定了良好的基础。在聋哑学校工作期间，我边搞教学，边在教学实践中研究探索聋哑儿童语言发展的规律，并写出了题为《试论低年级聋哑儿童语言发展的规律》的论文。1984 年 10 月，我应邀参加了在南京召开的全国特殊教育研究会首届年会，我在大会上做了交流发言。那次山西省仅有四位特殊教育工作者参会。同年 4 月，我被提拔为晋中地区聋哑学校副校长，分管教学工作，并被评为晋中地区“先进教育工作者”。1985 年获全国残疾人福利基金会“优秀特殊教育工作者”称号，并获得奖金 200 元。200 元钱在当时来说可是一笔不小的款项了！因为那时候丈夫和我每月的工资加起来也不过 150 元左右，要抚养三个孩子，赡养老人，有时还要接济亲戚朋友。我们的日子过得并不富裕，基本上没有结余。家庭里的收支情况可以说是公开的，特别是大点的孩子，很清楚自家的财务底细，他们知道家里的这点钱该怎么用，知道父母供养他们不容易，知道为父母减轻负担。因此他们从小就懂得俭省，爱护财物，从不浪费，从小就养成了勤俭节约的好习惯。女儿梅更是勤劳俭朴，和一般的女孩子不同，她从不计较穿戴，花钱知道精打细算，学着妈妈，一个钱掰成两个来花。她小时候写字做练习，常常是在纸的正面写了反面再写，从来不浪费一点点东西。这次我得了这笔奖金，正值她高考的前几个月，我决定把这笔奖金全部赠予女儿，以此激励她更加努力学习，为她加油鼓气，希望她高考能取得好成绩。

那天晚上，我把 200 元奖金拿出来放到她的书桌上，看着她那双明亮的大眼睛对她说：“梅呀，妈妈这些奖金全部赠给你，以激励你好好学习，争取今年高考取得优异的成绩，好吗？”

梅又惊又喜，激动得眼眶都有点儿湿润了。她紧紧搂住我的脖子亲切地对我说：“妈妈，我一定不辜负你的希望，你等着瞧！”

在党的十一届三中全会春风的吹拂下，我们家和全国千万个家庭一样，在这片沃土上生机勃发。孩子们像雨后的幼苗，一个个茁壮成长。女儿梅品学兼优，连年都是三好学生、优秀共青团

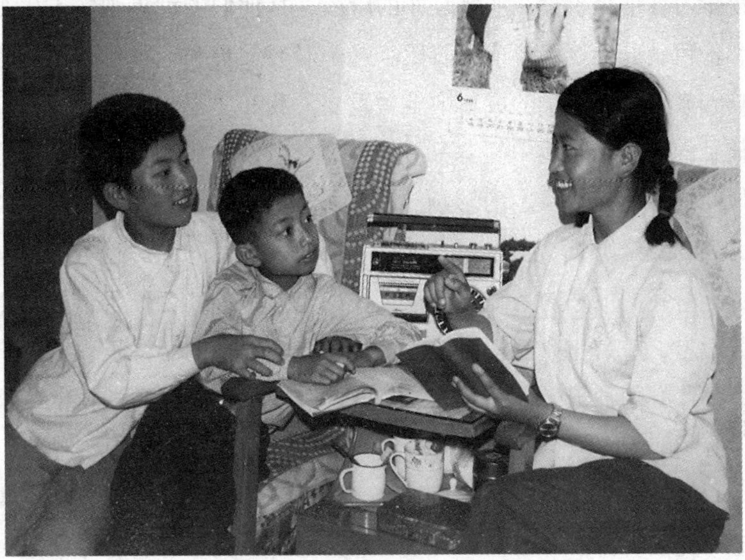

学习交谈（1984 年）

员，还有一次被评为省级三好学生。1985 年高中毕业前夕，她光荣地加入了中国共产党，成为“文化大革命”以后榆次一中的第一名学生党员。高考时，她以优异的成绩考入了北京大学国际经济系，为榆次一中增了光。接着大儿子亮考上了榆次一中高中，小儿子景考上了榆次一中初中。那些年里，我们家年年有喜事，人人有进步。1981 年初，丈夫任晋中行署办公室副主任，1983 年任晋中行署副秘书长兼办公室主任，1984 年任和顺县县长。

回想起来，那些年我一直以顽强的毅力自学，刻苦钻研业务，和丈夫总是实实在在做人，勤勤恳恳工作，吃苦耐劳，勤俭持家。其收获不仅仅在于我思想水平和工作能力的提高上，还为我以后的发展奠定了良好的基础，更大的收获是给孩子们以积极的影响和教育。那个时期，正值三个孩子分别上小学、中学时期，年龄是从七八岁到十几岁的阶段。这个阶段，是他们开始懂得学习，懂得事理，明辨是非的阶段，是他们的世界观、人生观和价值观开始逐步形成的阶段。这个时候父母和老师对孩子的影响和教育，在孩子的成长中至关重要。我和丈夫无疑成为了三个孩子的榜样。对他们的学习习惯、品行以及以后的发展，甚至对他们的一生都有一定的影响。正如梅、亮 1987 年 12 月，在祝贺丈夫和我结婚 25 周年纪念日祝词中说的那样："……爸爸妈妈本身就是我们最好的老师。爸爸工作勤勤恳恳，任劳任怨。妈妈刻苦学习，兢兢业业而又大胆泼辣。在我们幼小的心灵里，就埋下了事业心的种子……""……爸爸妈妈以自己的行为举止把美德传给了我们，教会我们如何做人，怎样成才……"

"家庭是人生的第一所学校，父母是孩子的第一任老师。"我觉得此话讲得很有道理。从一定意义上讲，父母特别是母亲是对孩子教育时间最长、影响最大的老师。因此，我体会到，为人父母，特别是母亲，一定要不断学习，不断加强自身的道德修养，不断提高自身素质，一定要努力为孩子创造一个良好的学习和生活环境。孩子能否成器，可以说很大程度上要看母亲的德行和智能。所以，孟母"断织"、岳母刺字才在家庭教育史上成为千古佳话。

故事 9

一台 12 英寸黑白电视机

我第一次看电视是 1976 年 9 月在平遥火柴厂子弟学校工作时，那是毛泽东主席逝世以后，厂里为了让职工能收看举国上下悼念毛泽东主席的实况，购买了一台 18 英寸的黑白电视机，摆放在厂机关的大会议室里，这大概也就是火柴厂的职工们第一次看到的电视。一台 18 英寸的电视，华国锋同志等国家领导人的形象及悼念毛主席的实况，清清楚楚地在屏幕上显示出来，是多么让人感到新奇！不过，当时那么多人挤在一个大会议室里观看一台 18 英寸的电视，其效果可想而知。后来，我到了晋中聋哑学校工作，学校配备有一台比较大的黑白电视机。每逢周末晚上，学校就有专人为学生们打开电视，以丰富他们的文化生活，弥补他们因听觉残缺带来的文化生活匮乏，住在学校后院的家属也可以去看。我不会忘记，我的那些可爱的聋哑学生，一到快要开电视的时间，他们就会搬几只凳子放在那里占位子，一看到我的老父亲和孩子们来了，就热情地迎上去，打着表示“爷爷”和“弟弟、妹妹”的手语，让我的父亲和孩子们坐在他们摆的凳子上看电视，他们懂得以此来表达对老师的尊敬和爱戴。

1979 年春节后的一天，我带着景到在晋中地委宿舍居住的同事宋老师家里拜年，看到她家里有一台 9 英寸的黑白电视机。那时候，电视机算是比较奢侈的财物，一般人家是没有的，一是买不起，二是买不到，当时宋老师的丈夫在地委组织部工作，她家的条件算是不错的。景看见人家的电视机，真是羡慕极了，他不时地用手轻轻地抚摸人家的电视机，同事给他打开电视看，他高兴得拍着手连声说：“谢谢！谢谢！”我要带他回家，他却还想看电视节目，就是不愿意走。在我的再三催促下，他只得依依不舍地离开了宋老师家。回家的路上，他拉着我的手恳切地对我说：“妈妈，咱们也买个电视机吧！”

“孩子，目前咱们还买不起，等爸爸妈妈攒够了钱就买。”我算是答应了孩子的要求，但什么时候能买心里真还没有底。

“可以把我的钱也添上嘛！”他把小胸脯一挺，蛮有信心地说。

“你有多少钱？”我问。

“一块钱。”景响亮地回答，“我过年攒的压岁钱全添上。”他的语气是那样慷慨而坚定。

“一块钱？你知道买一台电视机需要多少钱吗？买一台电视机至少得花四五百元呢！你那一块钱能顶啥用？”我对他说。

景不吭声了，显然，他有些失望了，他知道自己那一块钱根本顶不了事，他低着头闷闷不乐地往回走。

当时我心里想，看来我们家是应该有台电视机了。回到家里和丈夫商量，决定把买电视机这笔费用的支出列入我们家庭开支的计划。当时，电视机不仅价格昂贵，而且确实也不好买。因为当时我国的物资普遍短缺，特别是家电产品，像电视机这样的紧俏商品，市场上很难买到，得有关部门的领导审批，要“走后门”才行呢！

那个年代，小学是不开设外语课的，到初中一年级才开设外语课。1979年梅上了初中，开始学习英语课。当时的英语课还算不上主课，中考只按50分计。但是梅对英语很喜爱。她一向全面发展，从不偏科，各门功课学得都不错，对外语尤其充满新奇和兴趣。她那时曾跟我说过：“妈妈，我学好了外语，将来可以当翻译，可以出国，是吗？”

“当然可以。”我肯定地说。对女儿的自信心和上进心，我一贯很欣赏、很支持、很鼓励。

一天中午吃饭的时候，梅从半导体收音机里听到英语教学的广播，就仔细地听了起来。听完以后，她告诉我说：“妈妈，这播的是《广播英语教程》节目，我能听得懂，我以后想坚持听下去。”

我说：“好啊！妈妈支持你，中午你就不用洗碗了，你听英语广播，妈妈洗碗就行了。”因为当时我们的三个孩子做家务是有分工的，梅是中午洗碗，亮是晚上洗碗，景干一些诸如收拾碗筷、剥葱蒜、掏炉灰、剁鸡菜之类的杂活。

“不用，我可以边听广播边洗碗嘛！妈妈去歇息吧，我能！”她的口气是那样自信，根本没有把这点家务劳动当成负担。我为女儿这种既爱学习又对家庭负有责任心的态度叫好，随口称赞道：“我女儿真能！”

就这样，每天中午1点钟，家人午休了，一个十二三岁的小女孩，系着围裙在厨房里，一边洗碗刷锅，一边听英语广播。不管严寒还是酷暑，从未间断。开始，我在厨房外面悄悄观察她，看到她跟着广播里学发音，学口语、语法，学得是那样认真，那样投入。她那张充满稚气的脸和那双明亮的大眼睛里映现出了她对外语学习的浓厚兴趣。看到这种情景，我就会高兴地悄悄离开，然后，把这情景回头说给丈夫，于是我们两人同时欣慰地笑了。刷洗完毕，她便坐在那里，拿个小本子，把听过的东西扼要地记下来。然后，再和老师课堂上教的知识结合起来复习巩固。

后来，我和丈夫知道新华书店有了当时著名的陈琳教授主编的广播电视英语讲座教材《English-book》第一册、第二册，我们就都及时给她买了回来。有了教材，她学起来就更加努力，更加得心应手了。

梅跟着广播学完了第一册以后，就感觉收获不小。我也觉得她确实进步很大。日常生活中，她常常用英语和我们对话，用英语问候姥爷，教两个还未开始学习英语的弟弟日常用语……总之，因为梅学英语，家里开始有了学外语的气氛。连她姥爷也笑嘻嘻地抿着嘴，学着外孙女笨拙地念叨着英语，然后风趣地说："咱们家的人快成外国人了！"于是一家人乐得哈哈大笑起来。

"文化大革命"结束以后，拨乱反正全面展开，改革开放正式起步。当时社会上人们学习文化科学知识的热情空前高涨，好些人抓住机会自学，以弥补"文化大革命"中造成的损失。为了满足众多外语学习者的需要，当时陈琳教授的英语讲座不仅在电台播出，而且在电视里也开始播放。电视里的英语讲座比广播里的教学效果更佳。为了孩子们学习的需要，也为了让老父亲能早些享受上这现代化的电器产品，我和丈夫决定设法买一台电视机，尽管我们的钱还没有攒够。1980 年春，我们拿出家里仅有的 400 元存款，又借了一点钱，终于凑够了 510 元，托丈夫的朋友德成在五交化公司工作的妻子彩萍帮我们买了一台 12 英寸的"声宝"牌黑白电视机。在当时，算是质量不错的电视机了。

"我们家有电视啦！"孩子们高兴得欢呼雀跃。

那天下午，孩子们看到爸爸用自行车把电视机推回家来，个个欣喜若狂。梅和姥爷忙着打开包装，取出电视机来调试；景在一旁高兴得拍手跳起来了，急切地等着要看电视；亮兴奋得不得了，跑出去告诉院子里的小朋友们说："我家买了电视啦！"不一会儿工夫，院子里的一群孩子都跑到我们家来看电视了，他们非常羡慕我们家有了电视机。有的孩子还跑回家去向他们的爸爸妈妈报告“新闻”说：“亮家买了电视啦！”在聋哑学校家属院里，我们是第一家买电视机的，难怪孩子们这样羡慕和兴奋呢！

家里有了电视机以后，梅就高兴地开始跟着电视学英语了。她感到跟着电视学习英语效果好极了。每天下午学校上完课后，课外自由活动时间，她就提前一点回到家里，5点30分准时收看陈琳教授的英语讲座，从来不用大人督促。平时，这个钟点我和丈夫还在上班，家里只有老父亲一人。老父亲坐在那儿陪外孙女看电视，但他又看不懂，只图个新鲜，常常不一会儿就靠在椅子上打起盹儿来。这天，我和丈夫下午有事在家，快5点半了，还不见梅回来。我对丈夫说：“今天这孩子该误了听英语讲座了。”正说着，梅推门进来了。一进门看见爸爸妈妈在家，就笑盈盈地用英语向我们亲切问候：“Good afternoon, father and mother!”（爸爸妈妈下午好！）女儿的一声标准的英语问候，让我和丈夫心里乐开了花。看着她在那里快乐而认真地跟着电视学习英语，丈夫和我背着女儿悄悄说：“我们的女儿学得多好！将来一定能够成长为优秀人才！”

陈琳教授电视英语讲座教学效果确实好，所以梅学第二册的时候，丈夫和我也感兴趣了，一有空就和女儿一块儿学。过了好多年，直到我俩退休以后上老年大学学英语时，还找出了这两本教材翻阅学习。不过比起孩子们来，我们的英语水平太差了，我们是学一点忘一些，其效果只不过算是练练脑子，以防以后得老年痴呆症而已。

梅把两册《English - book》教材学完之后，不但在班级里英语成绩名列前茅，而且自学能力也大大提高了。1981年秋，亮也上了初一，也开始学习英语。这时候，电视里的外语讲座已经开始播放《跟我学》。我们又及时买了一套《跟我学》英语教材，供姐弟俩在课余时间学习。在梅的带动下，亮也开始和姐姐一起跟着电视学起了英语。每天下午一到5点30分，姐弟俩就坐个小板凳在电视机前学英语，学完了之后，姐姐再耐心地辅导弟弟一番。景在太行小学上三年级，学校虽然还没有开设英语课，也坐在那里观看，接受外语学习的熏陶。其实我那时候对孩子们学习外语的重要性和必要性，还是认识不足，掌握时机不够，如果当时我给景明确提出学习英语的要求，不要等到上了初中再开始学英语，可能对他以后的外语学习会更有好处，因为那个年龄段正是孩子学习语言的好时机。

有一次，从灵石县来了一位远房亲戚，晚上住在我们家里。她看到孩子们跟着电视认真学英语的情景，颇有感触地对我父亲说："你的外孙们学得真好啊！这家里有着浓厚的学习气氛，你的这几个外孙将来肯定会有出息的。"我父亲听了人家的夸奖，乐得合不住嘴，只是呵呵笑。吃晚饭时，她问询我和丈夫这电视机是花多少钱买的以及孩子们的学习情况，最后她感叹了一句："你们家这台电视机买得可真值啊！"

的确，要说我们家这台"声宝"牌电视机还真是充分发挥了它的效能，体现了它的价值！它成了我们家里的"学习机"，也是老父亲和孩子们的"快乐机"。全家人对它倍加爱护，我们还请木工专门做了一个精巧的电视柜，丈夫和我把它的高度设计得正好适合孩子们坐个小板凳观看。我还特地用一块翠绿色的绸布做了个折叠的小幕布遮盖住电视机，既有遮挡灰尘的作用，还能起到装饰效果。虽然是一台小小的黑白电视机，但图像清晰，操作简便，一直用了8年，从没有过任何故障。甭说别的，就孩子们跟着学英语这一项，它就价值千金了。

1982 年中考，满分为 50 分的英语考试，梅的成绩为 48.5 分，是晋中地区第一名。

1985 年 7 月，梅参加高考，高考的最后一门科目是英语。那天天气酷热，下午的英语考试结束以后，梅高高兴兴地独自骑车回到家。我一边关切地问询她考试的情况，一边给她切西瓜。她告诉我说：“妈妈，今年的英语试题一点也不难，两个小时的考试时间，其实我 40 分钟就做完全部试题啦！坐在那里检查了好多遍，才交了试卷。”接着，她又告诉我说：“考完下来以后，老师让我们对照标准答案估摸自己的考试成绩。我的答卷上除了有一个占 1 分的小题和标准答案不一样外，其余的都和标准答案一模一样。”她接着又说：“不过，我认为我的那种解答也是正确的，反正至少我也可以得 99 分。”

若干天后，高考成绩公布了。梅果然以英语满分 100 分的优异成绩获得了全省英语单科第一名，为母校争得了荣誉，为老师、为家庭增了光。她的其他功课成绩也很好，总成绩在全区名列前茅，而且她德、智、体全面发展，是出席山西省的三好学生，是榆次一中小有名气的好学生，所以她很快就被北京大学国际经济系录取。

那年丈夫还在和顺县任县长，他常常因工作忙得脱不开身，照顾不了家，连星期天也不能回家，女儿高考他也没有顾得上回来。记得女儿接到北京大学的录取通知书以后，我心里的那股喜悦劲儿真是难以言状。两个儿子也为他们的姐姐考取了北大而拍手叫好，兴奋不已。他俩拿起姐姐的录取通知书看了又看，既羡慕又自豪，他们拉着姐姐的手，竖起大拇指赞扬道：“姐姐真棒！我们要向姐姐学习！”

我说:“好哇！我们还应该把这个好消息告诉你们的爸爸，让他也高兴一下才对呀!”

可是那时家里没有电话，怎么办呢？已经是晚上了，我还是陪着女儿到晋中行署办公室，向值班的同志说明情况，给在和顺县政府工作的孩子她爸打了个长途电话报喜。一会儿，电话接通了，女儿拿着话筒激动地告诉爸爸：“爸爸，我接到北大的录取通知书啦!”丈夫在那边也高兴得半天说不出话来，沉默了片刻。只听得后来丈夫询问了一些诸如什么时候报到之类的具体事宜。最后说：“你是好样的，爸爸为你祝贺！到时候爸爸争取回去为你送行!”

后来丈夫回到家来跟我说，前些日子晋中地委召开工作会议。地委李书记在大会上讲到全区教育方面的形势时，感慨地说:“过去说咱们晋中地区的学生英语学习不行，可是今年高考，咱们地区榆次一中有个学生英语考了满分 100 分，夺得了全省英语第一名，考上了北京大学。她就是咱们和顺县县长的孩子。”霎时间，与会的人们向他投来热情而羡慕的目光，一贯心态平和、不爱张扬的丈夫，此时也心情激动，脸上绽放出欣慰而自豪的笑容。

这件事虽然过去已经 20 多年了，但丈夫和我每逢讲起来，总感到这是女儿出彩的地方。我说:“那台 12 英寸的黑白电视机也有一份功劳吧!”

故事 10

我们的家庭会

家庭环境对孩子们的成长至关重要。良好的家庭环境是孩子快乐、健康成长的基础。因此，我们总是努力为孩子们营造一个丰富多彩、文明和谐、好学进取的家庭环境，使我们的家成为孩子们茁壮成长的一片沃土。那个年代，我国的改革开放刚刚起步，社会经济还比较落后，人们的生活条件还普遍比较差。虽然我们过日子一贯勤俭节约，精打细算，但也只能算是解决了温饱问题。尽管如此，丈夫和我还是尽量想方设法为孩子们及时创造较好的学习条件，营造较好的学习环境，我们较早地为孩子们购置了电视机、收录机等学习用具和必要的书籍报刊。在日常生活中，我们特别注意捕捉教育时机，抓住机会，激发和鼓励孩子们学习的积极性和上进心。

值得一提的是我们坚持了多年的各种形式的家庭会。我们的家庭会内容丰富，形式多样，生动活泼，寓教于乐。有口头作文赛、智力竞赛、即席讲演、朗诵、故事会、漫谈会、生日聚会以及联欢会等等。可以说我们的家庭会，是我们为孩子们构建知识网络的一种有效形式。在知识网络中，父母与孩子、孩子与孩子，互相学习，互相启发，互相促进，共同成长。孩子们的思想感情、思维方式受到整个知识网络的牵动，他们不只接受了知识，还培养和锻炼了能力，提高了兴趣，使亲人之间的“爱”更好地“对流”，为营造良好的家庭环境发挥了积极作用。

孩子们小的时候，丈夫和我常常在工作之余带他们到大自然中去，和他们一起领略大自然的风光，教他们学习怎样去观察事物并用恰当的语言表达出来。和他们一起赏月、赏雪、赏花，一起上公园、去商店、到田野，一起参加各种文娱体育活动，一起做家务劳动。这些活动既陶冶了他们的情操，又培养了他们的观察能力和欣赏能力；既锻炼了他们的体力，又培养了他们热爱劳动、珍惜劳动成果的品质和自理能力；既培养和增强了他们的责任心和进取心，又丰富了他们的生活内容。我们家常常举办家庭会，每当家庭成员中有人在学习和工作中获得好的成绩，我们都要举办个家庭会，以各种不同的方式表示祝贺与鼓励。一家人聚在一起无拘无束，各抒己见，各显其能，家庭里充满了生气勃勃、快乐和谐、奋发向上的气氛。孩子们在家庭会上踊跃发言，竞相展示自己，抒发自己的感情。孩子们从中感受到了家庭的温馨，感受到了亲人之间的那种真诚的特有的爱，从而净化心灵，陶冶情操。直到孩子们大学毕业、参加了工作以至结婚成家以后，每逢节假日全家相聚的时候，还要在一起座谈联欢。全家人欢聚一堂，敞开心扉，畅谈工作学习情况，交流思想、信息，交流生活体验，谈理想，谈人生，谈国事、家事、自己的事，谈人生感悟，展望未来前程。有时座谈加联欢，表演节目，展示才艺。孩子们一个个即兴发挥，幽默风趣，整个家里一片欢声笑语，充满了温馨快活的气氛。

当然，家庭会有时也有批评与自我批评，特别是孩子们年幼、懂事不多的时候。家庭会能让孩子逐渐懂得什么是正确的，什么是错误的，什么事应该做，什么事不能做，从而提高他们对是与非、对与错的辨别能力。当哪个孩子做了错事，或者父母有过错时，都要做自我批评，大家还要帮助分析原因，提出改进意见。

一个秋日的星期天，吃罢早饭后，我一边用缝纫机为孩子们缝制衣服，一边盘算着一天要做的好多活儿。一会儿，三个孩子结伴到了我身边，女儿梅拉着我的手，亮儿抱着我的胳膊，小景搂着我的脖子。我猜想，这三个孩子今天肯定是有什么事要和我说，或者有什么要求向我提。他们仨挤眉弄眼，嘻嘻哈哈。梅终于开言了："妈妈，今天我们想到猫儿岭上去打酸枣。"她试探着说。

"是啊！我们可想跟着姐姐去打酸枣啦！"两个儿子异口同声地附和着。

看来这件事是他们仨事先商量好的。这使我想起去年秋天发生的一件事：亮悄悄带着弟弟到野外去打酸枣，我们一个上午都找不到他们，心里好着急呀！晌午过了，他俩才回到家。气得我狠狠责骂了他们一顿，亮还挨了他爸爸的揍。我和丈夫回想起这件事来，心里总觉得有些愧疚。作为父母，没有能够理解孩子天真、好奇的心理，没有能够正确引导孩子或在百忙中抽出一点时间带他们外出活动，而是简单粗暴地打骂孩子。泯灭孩子纯真的童心，实在是做父母的过错。这次，他们提出了这个要求，我想无论如何也不能再压制了。说实在的，我也很想和他们一起去，欣赏那金秋的田园风光，享受大自然的恩赐。可惜我需要干的活儿太多了，星期日一天的休息时间，我恨不得自己能变出四只手来，一下子把所有的活儿都干完。恰逢丈夫此时不在家，也不能陪他们去。我就试探着问梅："你敢带他们去？"

"敢！"她果敢地回答。

我回过头来问两个儿子："你们能听姐姐的话，注意安全，按时回家吗？"

“能!”两个儿子齐声回答。

于是，我答应了他们的要求。嘱咐一番之后，姐弟仨对我说:“妈妈放心吧，我们会注意安全，玩得开心的。”

“可是我还得给你们提个要求，你们在活动中要注意观察和感受，回来之后每人要用心写一篇作文，晚上在家庭会上爸妈要听取你们各自的作文朗诵!”我说。

“好的!”三个孩子爽快地答应了。

姐弟仨高兴极了，他们带了一根早已准备好的、细长的木棍，三个土豆，亮还装了一盒火柴，梅推上自家的那辆加重自行车，景坐在自行车后架上，三人兴高采烈地出发了。

这次，他们确实信守诺言，中午时分，均按时回到了家。三个孩子红扑扑的脸蛋就像红苹果，头上全是汗，衣袋装得鼓鼓囊囊，亮手里还拿着一束美丽的色彩斑斓的野花。他顺手从橱柜里拿出一个洗菜盆，姐弟仨开始从自己的上衣口袋里一把一把地往盆里掏他们采摘的酸枣，掏啊，掏啊！足有半盆圆乎乎、红盈盈的酸枣，加上那一束美丽的野花，看着好让人开心！梅挑了几颗又大又圆的酸枣塞到我的嘴里说:“请妈妈品尝我们的劳动果实!”我一边品尝，一边用欣喜的目光看着他们。三双闪闪发亮的大眼睛仿佛在对我说:“我们按时满载而归，我们玩得很开心，我们很有收获，我们成功了!”

晚上，丈夫回到家。晚饭后，我们的家庭会就按预定计划开始了。

首先从梅开始，她显得那样自信、大方，站起来向大家微微一笑，便朗诵起她的作文来:“……金秋的阳光，是那样灿烂和煦，广阔的田野，是那样美丽诱人，我和两个可爱的弟弟，爬上猫儿岭的黄土高坡，找到塄边茂密的酸枣树丛，看到那一串串红彤彤的酸枣，我们高兴极了，两个弟弟兴奋得欢呼雀跃，蹦蹦跳跳，我们在这美丽的田野上尽情玩着，仿佛三只小鸟在天空中自由自在地飞翔……”她的作文充满浓郁的感情色彩，语句流畅而优美，让人有身临其境的感觉。她读完之后全家人报以热烈的掌声。

紧接着，亮神采奕奕地站了出来，他还学着电视里节目主持人的样子恭恭敬敬地给大家鞠了一躬，一下子把大家给逗乐了。他作文的题目是《快乐的星期天》，他朗诵道：“今天秋高气爽，蓝蓝的天空飘着几朵白云。我们姐弟仨高高兴兴地到野外去打酸枣，我们多么开心呀！……我们收获了那么多酸枣，还有美丽的野花。更有趣的是我们还在野外烤了土豆。我们在地里拾了些秸秆，用火柴点着，待火苗燃起来以后，就把自己带的土豆放进火堆里，等到那些秸秆都燃烧完毕，火灭了，我和弟弟兴致勃勃地拣出土豆准备吃，可是没想到那些土豆还都是硬邦邦的，没有烧熟。姐姐说：‘快扔掉！生土豆有毒，不能吃。’我们只好恋恋不舍地将三个熏得黑乎乎的土豆扔掉了……”

丈夫在一旁笑盈盈地赞许道：“亮写得不错，叙事清楚，生动形象，是一篇很好的记叙文。”大家同样报以热烈的掌声，亮满意地笑了。

小景看到哥哥姐姐都已赢得了掌声和夸奖，心里非常羡慕，早就迫不及待了，不等哥哥坐下，他就急切地站起来准备朗诵自己的作文，可是他心里一着急，站在那里半天也说不出话来。姐姐和哥哥不由得嘻嘻发笑。这时，他姥爷急了，连忙说：“笑什么！俺孩儿才三年级呀！”我鼓励景说：“不要急，大胆读！”于是，景清了清嗓子，大声朗读起来：

“今天上午，姐姐哥哥带我去野外打酸枣。在田野上，我们看到农民伯伯在收割金灿灿的谷子。突然，一只小松鼠从地边跑出来，哥哥和我就想抓住它，可是那家伙跑得太快了，我们追赶了一通，还是没有抓住。我们在地塄上找到一株又一株的酸枣树，哥哥拿着棍子站在塄坎上打了两下酸枣树，那圆溜溜的酸枣就哗啦啦地落下来了。我和姐姐就赶快捡呀捡，一会儿，我们的衣袋就装得鼓鼓囊囊的啦。可是，我们烧的土豆却没熟，全扔掉了。回来的时候，姐姐骑着自行车，哥哥坐在车子的后架上，我坐在车子前面的大梁上，就这样，我们高高兴兴地回到了家。”

景的作文虽然不长，但他观察细致，描写形象，语句基本通顺，对一个三年级的小学生来说，这应该算是一篇不错的作文了。况且，他带着表情一字一板地朗读，大家都觉得他十分可爱，也给他以掌声鼓励，他高兴得搂着我的脖子跳了起来。

我们对孩子们的作文进行了讲评，肯定了他们各人写作的成功点，同时也指出不足之处和今后努力的方向。三个孩子也相互作了点评，每个人脸上都露出了满意的笑容。每次类似的作文评讲活动结束后，孩子们的作文水平和表达能力都会有不同程度的提高。

1991 年春节的家庭联欢会，是一次令人难以忘怀的家庭会。那年，梅大学毕业后已参加了工作，在中国国际旅行总社任总经理秘书，并已和明结婚；亮就读于中国政法大学四年级；景已考上北京大学，正在石家庄陆军学院接受一年的军训。这次家庭会，由于细心的景从军校带回一套简单的录音装置来，从而现场录制了一盘录音磁带。如今，已经过去快 30 个春秋了，我还一直珍藏着这盘磁带。每当我和丈夫想孩子们时，就会放开这盘录音磁带听听。听得我常常激动不已，有时抹眼泪，有时呵呵笑。丈夫说：“这大概就是母亲特有的那种复杂的心理和情感吧！”

这是梅婚后第一次领女婿明回家过年，家里增添了个女婿，自然又增添了几分欢乐。过罢春节，梅就要到黑龙江省的黑河，去为总社开辟一个新的项目。亮那年即将大学毕业，不久将要走上工作岗位。景也将结束一年的军训回北大就读。那次正好侄女莲也从老家平遥来到太原，准备返校到长治医学院，她也面临着毕业将要走上工作岗位的境况。所以 1991 年春节的家庭联欢会就更红火热闹、富有情趣了！

我根据当时的录音，还原了这次家庭联欢会的实况。

正月初五吃罢晚饭以后，全家人聚集在客厅里。

首先，丈夫宣布家庭联欢会开始，由长子王亮主持。在大家的掌声和笑声中亮开言道：“今年是羊年，是我们家不平常的一年。咱们家增添了一名新的成员——姐夫，今天全家人欢聚一堂，召开家庭联欢会。姐姐、姐夫明天就要赶赴北京，姐姐后天就得到黑河去工作，大家又得过很长时间才能团聚。首先让我为大家献上一支歌。”接着，亮用他那五音不全的嗓子，为大家演唱了一支连他自己也记不清歌名的歌，逗得大家哈哈大笑起来。

接着明说：“今年是羊年，是梅和妈妈的本命年，我为两只“羊”唱一首《达坂城的姑娘》，好吗？”

“好！”大家异口同声地回答。于是他清了清嗓子，用他那浑厚的、富有弹性的嗓音唱了起来。明在北大曾经是合唱团的，有一定的声乐基础，所以唱起来有点专业歌唱演员的味道。“……那里来的姑娘辫子长呀，两个眼睛真漂亮，你要想嫁人不要嫁给别人，一定要嫁给我！带着你的嫁妆，带着你的弟弟，赶着那马车来……”他把原歌词中的“带着你的妹妹”改唱为“带着你的弟弟”，唱到那里他自己也不由得发笑，唱完以后，大家拍手叫好。

接下来是景的声音:“今年是羊年，羊象征着五谷丰登，羊象征着洁白如玉，祝妈妈和姐姐在她们本命年过得幸福愉快。首先我为妈妈朗诵一首诗，这首诗的题目为《母亲的爱》。”《母亲的爱》一诗，现摘录如下：

我们也爱母亲，
却和母亲爱我们不一样。
我们的爱是溪流，
母亲的爱是海洋。

芨芨草上的露珠
又圆又亮，
那是太阳给予的光芒。
四月的日子
半是烂漫，
半是辉煌，
那是春风走过的地方。

我们的欢乐
是母亲脸上的微笑；
我们的痛苦
是母亲眼里深深的忧伤。
我们可以走得很远很远，
却总也走不出
母亲心灵的广场。

景抑扬顿挫、充满激情的朗诵，感染了在座的每一个人，我被感动得噙在眼眶里的眼泪差点儿就要落下来了，联欢会的气氛得到进一步渲染。接着，他郑重地向大家行了一个军礼，说：“我还要为大家唱一首在军校学的歌《四渡赤水出奇兵》。”他站在那里精神抖擞地唱起来：“横断山，路难行……毛主席用兵真如神哪啊！”此歌虽然比较长，但是他唱得雄壮激昂、气势磅礴，颇有军人风范。

该到侄女莲出节目了。莲高兴地接过话筒来说：“今天我有幸能参加这个家庭联欢会，心里非常高兴，非常激动。我祝大家羊年大吉，健康平安。”她满怀深情地为大家唱了当时正在热播的电视连续剧《渴望》中毛阿敏唱的那首《好人一生平安》。大家报以掌声。

紧接着是梅激情洋溢的发言和表演。她说：“每到这个时候，我的第一个感觉，也是最强烈的一个感觉，那就是我有一个幸福的家。这个感觉平时也有，我在单位工作、在外面出差，和同学、同事、朋友们聊起来，我都有这种感觉。我曾以十分自豪的口吻对他们说：我有一个幸福美好、催人奋进的家！今年是羊年，是我和妈妈的本命年。在咱们家，妈妈的贡献最大，付出最多，最关心我们。我想起小时候妈妈教给我的第一支歌《小燕子》，我就给大家唱一支《小燕子》吧！”于是，她就像当年孩提时的那副模样，晃着脑袋深情地唱了起来：“小燕子，穿花衣……”梅清脆悦耳的歌声，仿佛把自己带到了幸福的童年。

“下面请妈妈发言吧。”主持人亮说。

我的发言不够精练，比较随便，甚至可能有点唠叨。我说：“今天我非常高兴，因为能和孩子们欢聚一堂是妈妈最开心的事了。特别是今年又添了一个孩子——女婿明，侄女莲也到来了，大家欢歌笑语，这种充满着欢乐、和谐，充满着浓郁的生机活力的家庭氛围，怎么能让我不高兴呢！我最大的心愿是什么？是希望孩子们成才，将来能为国家、为社会做贡献，自己也能生活得幸福。现在，看到孩子们个个生龙活虎、茁壮成长，妈妈心中的喜悦真是难以用语言表达出来的。知情的朋友、同事、邻居们常常夸爸爸妈妈的孩子有出息，夸爸爸妈妈教子有方。每当这个时候，妈妈就会感到特别欣慰，脸上就会闪烁着幸福的光辉。这光辉是从哪里来的？是孩子们给增添的呀！”

丈夫立刻插话：“孩子们，你们的一个电话打来，告诉有什么好消息，都能使你们的妈妈兴奋不已，激动得睡不着觉。”

我继续说：“妈妈这个人在工作和生活中，无论遇到多大的艰难困苦、挫折坎坷，都不轻易掉眼泪，可是为孩子们却不知流过多少泪水。有让人忧伤、牵肠挂肚思念的泪水，也有让人闹心、无奈、苦涩的泪水，更有令人兴奋、喜悦、激动的热泪。”

在发言中，我对每个孩子的优点和取得的成绩都给予了肯定，并恳切地指出他们的不足，还对他们提出了殷切的希望。

我的发言似乎对孩子们有所感染，他们都在静静地聆听，气氛有点沉静了。顷刻，又响起了明的一曲优雅、轻松的《乌苏里船歌》：“乌苏里江来长又长，蓝蓝的江水起波浪，赫哲人撒开千张网，船儿满江鱼满舱……”顿时，屋子里的气氛又活跃起来。接着，孩子们提议：“欢迎妈妈也唱一首歌！”大家鼓起掌来。于是，我站起来，学着歌唱家郭兰英的唱腔，放声高歌一曲《人说山西好风光》。

主持人亮激昂地说：“我们的家是一个幸福的家，为什么会这样幸福呢？主要是因为有爸爸妈妈。爸爸妈妈身体力行，在平时的生活中就体现出了对家庭、对工作、对他人的爱和深深的责任感，他们的品质、人格以及他们的为人处世，在不断地影响着我们，教育着我们。这个假期回来和爸爸妈妈待在一起的这些天，对此我更有了深切的体会。下面请爸爸讲一讲。”

丈夫慢条斯理地开言了。他说：“那就让我说一说近些年来，使我感到最高兴、最激动的几件事吧！”别看丈夫平时说起话来慢条斯理，但他此刻蛮有兴致，一板一眼地娓娓道来，把孩子们的注意力都深深地吸引了过去。他说：

“第一件事是 1985 年，梅考上北京大学。当时我在和顺县工作，当我在电话里听到梅的声音‘爸爸，我接到北大的录取通知书啦！’时，我高兴得半天说不出话来。第二件事是 1987 年亮高考完之后，我一直惦记着：这孩子能考上哪个学校呢？当得知他考取了中国政法大学的消息时，我心里别提多高兴了！因为这个成绩对他来说，确实是不容易的啊！第三件事是 1990 年最小的孩子景考上北大，一种发自内心的自豪和欣慰一直在我心头涌动。

“再就是孩子们取得出色成绩的时候。那天，梅来电话说她写的一篇文章在《经济日报》发表了。我和你妈妈在我办公室里的一大堆报纸中找到这篇文章，当即高兴地仔细阅读、评论，你妈妈还把它剪下来，小心翼翼地珍藏在自己的集子里。总之，当孩子们取得了成绩的时候，爸爸妈妈比自己取得成绩还要高兴。

“正如你妈妈说的，党的十一届三中全会以来，咱们家年年有喜事：三个孩子先后都考取了重点大学，爸爸妈妈一次次提职晋级，梅结婚……足有十多件比较大的喜事。这也是因为咱们赶上了好时代，所以我们一定要感激时代，感恩社会。一定要不懈地努力，不能愧对社会，不能愧对时代。”

看来丈夫说得有些激动了，他接着说：“爸爸这个人性格平和，一般不易激动，更不爱掉眼泪。但有一次收到亮的一封信，信中有一篇题目是《妈妈，你不要哭》的短文。当时家里就我一个人，我读着他的信和文章，深深地被他所表述的母子深情感动了，不由得落下了眼泪。”（半年后，梅回到家里，看了这封信和短文，也觉得写得确实很感人，就帮弟弟把这篇短文做了一些修改整理，把它投到《山西日报》，1991 年 6 月 12 日《山西日报》副刊刊登了王亮的题为《妈妈，你不要哭》的散文）

随后，丈夫谈及两代人如何沟通、和谐相处的问题。他说：“我们不同年龄层次的人完全可以有效沟通、和谐相处，过去现在忘年之交不乏其人。爸爸妈妈总是希望孩子们好上加好。孩子们要超过爸爸妈妈，就要汲取爸爸妈妈的长处。对父母的缺点、弱点和不足，孩子们也应该看得很清楚，那么在自己身上就不要有这些缺点、弱点。日前《人民日报》上在讨论‘我们如何做父亲’，做父亲有许多经验教训。父母应该向孩子学习，学习孩子们身上的激情、活力、进取心以及对生活的热情。例如梅这个孩子各方面发展就比较全面，有好多优点值得我们学习。亮也有很大的进步。景这半年军训进步很快。要是爸爸这个年龄，就不会有这么突飞猛进的进步。总之，两代人要互相学习，才能一代更比一代强。”

丈夫讲得情真意切，孩子们静静地聆听着这位平时不多言语却总是身体力行的长者的谆谆教诲，他的发言字字句句都在引导着孩子们去思索……

联欢会进入尾声，梅又做了个简短的发言，她说：“我觉得今天咱们的这个家庭联欢会开得非常好，又给我留下了深刻的印象。以后我和别人津津乐道时，又多了一个话题。现在，我想代表明说几句，这次家庭会使我们受到了很大的教育和启迪，为我们今后建立一个幸福美满的家庭提供了学习的材料，我们十分荣幸，十分感谢！”

“今天又是一个很成功的家庭联欢会，我们期待着下一次家庭会的召开！”主持人亮兴奋地拍手向大家致意。

家庭联欢会在欢快的乐曲声中结束了。孩子们在客厅里随着音乐节奏欢快地跳起舞来。

各种形式的家庭会已成为我们良好的家庭环境中的一道亮丽的风景线，它就像一缕缕和煦的阳光和一阵阵适时的甘霖，伴随着一株株幼苗茁壮成长。它在我们的脑海里铭刻了一幕幕美好而深刻的记忆，使我们这个家永远呈现出一种和谐互爱、蓬勃向上的态势。

故事11

孩子们和姥爷

1973年11月9日，我母亲不幸去世，一贯开朗、超然、洒脱的父亲陷入了极度的悲痛之中。他非常忧伤、苦闷，一度甚至失去了生活的信心。他含着眼泪对我说：“你妈走了，我觉得一个人活在世上没有多大意思，我真不想出门，不想出去见人了……”尽管母亲的去世对我的打击也是很大，并给我留下了终生的遗憾，即没有来得及让恩重如山的母亲跟着我享享福，但我只能强忍着自己心中的悲痛来安慰父亲，设法抚平他老人家心中的创伤……直到后来父亲的工作单位——灵石县百货公司的领导们为了让他能较快地从失去亲人的痛苦中解脱出来，特意返聘他，让他在单位传达室工作，并为他安排了一次到天津出差的机会，实则是照顾他到天津去旅游一趟，让他出去散散心。这是他第一次到天津，在那里，他第一次看到了大海，看到了天津水上公园等风景名胜。回来之后，他的情绪就开始好转，渐渐地恢复了他那睿智的谈吐和乐观的心态。1977年秋我在晋中聋哑学校分到了一套住房，那年父亲已经是71岁的老人了，一个人孤孤单单地在灵石县水头镇，生活无人照顾，我放心不下。我就和丈夫商量能否把父亲接过来一起生活，丈夫是个通情达理的人，他说他早就有此想法。于是，我们在征得老人的同意后，就把父亲的户口迁了过来，当年，父亲就从灵石搬到榆次和我们一起居住了。

姥爷寿诞（1980 年）

父亲的到来，三个孩子可高兴啦！彻底结束了梅、亮脖子上挂着钥匙去上学、景被锁在家里哭鼻子的局面。祖孙三代，一家老小团聚在一起，互相关心，互相爱护，互相照顾，少了许多牵挂。姥爷对三个外孙十分疼爱。他常常谆谆教导外孙们要感恩社会，珍惜现在的美好时光，鼓励他们自强自立，好好学习，学好本事，长大为国家多做贡献。每当期末考试后学校张贴了红榜，他都要一个人跑到孩子们所在的学校，在一大片写着密密麻麻人名的榜上，找到他三个外孙的名字。看到外孙们学习成绩名列前茅时，他就兴高采烈、兴致勃勃地回到家来报喜，告诉我和丈夫孩子们的情况，并竖起大拇指直夸他的外孙们个个都有出息，他喜形于色的那副模样，简直就像个孩子，让人觉得他脸上的皱纹仿佛也舒展了许多。然后，他还要亲自张罗着为孩子们做一顿他们最爱吃的饭——浇肉打卤面，或者是为孩子们买一些水果糖之类的小吃，以资鼓励。

一个星期天，他逛街后回到家里，笑嘻嘻地把为孩子们买的水果糖从衣袋里掏出来，往桌子上一放，三个孩子高兴地围上来，剥开裹着的糖纸一看，啊呀！糖纸里面裹着的竟然都是小石子。原来，他在路边的一个小商贩那里花8毛钱买了10块水果糖回来准备犒劳外孙们，8毛钱能买10块糖，他觉得很划算，没想到自己受骗了。这件事不仅让姐弟三人因吃不上姥爷的糖块而感到失望，而且使他们觉得既可气又可笑，气的是社会上怎么会有这样品行恶劣的骗子，竟然骗了年迈的姥爷，可笑的是这些骗子的骗术竟然是如此卑鄙低劣。景拉住姥爷的手说："哎呀！姥爷常常嘱咐我们要警惕，不要受了坏人的骗，结果姥爷自己却受骗上当了。"老父亲坐在那里显得有些尴尬，气愤地说："那个道德败坏的家伙，骗了我这老头子啦！"我在旁边对孩子们说："社会是复杂的，社会上总会有各种各样的人存在，好人是大多数，但也有少数道德败坏的人存在。所以，我们在生活中必须警惕防范。"

一次，父亲听说梅就读的榆次一中开运动会，梅将担任运动会的播音员。外孙女能当播音员，姥爷自然感到十分自豪。吃罢早饭，他就匆匆忙忙跑到榆次一中的大操场上，去观看外孙女播音了。中午回来他兴高采烈地告诉丈夫和我说："我看见小梅坐在台上播音，她的声音真好听，标准的普通话，几乎和收音机里的一样！"

家里人的生日，父亲都记得清清楚楚。尤其是外孙们过生日时，他总要张罗着为他们庆贺一番，亲自下厨为他们做一锅长长的、香喷喷的拉面，说是要把他们拉大，外加一些他们喜欢吃的炒菜，还要张罗着为他们开一个生日聚会，鼓励他们努力学习，不断进步。我们家富有情趣的家庭会就是从那时候开始的。每逢过年，他都要为孩子们准备压岁钱，包括我和丈夫在内都有份。他要提前到银行兑换一些崭新的人民币，到时候，他就会把一张张5毛钱的新票子塞到我们每个人的枕头底下，默默地为我们祝福。

丈夫对老丈人很尊重，很孝敬。他们翁婿感情很好，关系十分融洽，如同亲生父子。父亲待人宽厚，遇事总是“待人宽，责己严”。他爱女儿更疼女婿，常常在人前夸他的女婿品性好、有才学。有时候我和丈夫拌了嘴，他总是向着女婿，总是先批评自己的女儿。农历六月初八是父亲的寿辰。记得有一次，在他74岁寿辰的前一天，我和丈夫就商量好，第二天为父亲祝寿，好让他老人家高高兴兴过个寿诞。第二天上午，我特地上街买了些好吃的东西，提早回到家来张罗着给爹爹过生日，也顺便给孩子们改善一下伙食。父女俩在厨房里冒着暑热忙活了两个小时，做了好几道大家喜欢吃的菜，还有长寿拉面。中午12点，孩子们放学回来，闻到饭菜的香味，个个都喜笑颜开。他们围着姥爷，拉着姥爷的手，“姥爷生日快乐！”“祝姥爷健康长寿！”“祝姥爷福如东海，寿比南山！”一连串的祝词，从三个孩子的嘴巴里像连珠似的滚了出来。父亲乐得合不拢嘴，连忙说：“好！好！好！等会儿你们的爸爸回来了咱们就一起吃！”可是过了好大一阵子，还不见丈夫回来。孩子们馋得直咽口水，我也等的有些不耐烦了，可是父亲还是坚持要等他的爱婿回来以后一起吃。这时，我对丈夫开始有了不满情绪，心想：这人是怎么搞的，说好给老人过生日，怎么下了班这么长时间也不见人影？我正准备不等他了，干脆让老人和孩子们先吃吧。这时见丈夫骑着自行车急急忙忙赶回来了。我没好气地冲着他埋怨道：“这么晚才回来，难道你忘记今天给老人过生日啦？”

“怎么会忘记？我这不是刚刚开完会就赶着回家嘛！”丈夫见我态度生硬地抱怨，他也没好气地冲着我大声嚷嚷起来。

这时，父亲转过身来严厉地批评我说：“你这个人埋怨的是个啥，难道他不想早回来？会没有开完就能回来？”他一边端着早已准备好的饭菜和酒杯往饭桌上摆放，一边又转过身去满面笑容地向丈夫招呼道：“王柯！快来，饿了吧，赶紧坐下来吃！”孩子们早饿了，爸爸和姥爷一坐定，他们就开始大口大口地吃起来。此时，丈夫面带微笑，得意地瞥了我一眼，显出一副胜利者的姿态。然后，他亲自为老岳父斟上一杯美酒，祝老岳父身体健康，长寿快乐！老人笑呵呵地端起酒杯，嘴里还念叨着：“好，好啊！酒美人和啊！”此刻，家里充满了快乐祥和的气氛。

父亲的这种严于律己、宽以待人的高尚品质，通过他老人家的身教言传，感染了我们，在我和丈夫以及孩子们的心中深深扎了根，并开花结果。如今，我和丈夫也当上了公婆，当上了岳父母，我和丈夫也学着父亲，当晚辈们夫妻之间发生摩擦时，我们也总是先批评自己的儿女，对儿媳和女婿则能宽容。这样一来，我们婆媳、翁婿之间关系融洽，家庭团结和睦。

父亲小时候家境贫寒，只读过两个冬天的私塾。15 岁时便离开家，只身一人到灵石县一家店铺当店员，学做买卖。在艰苦的环境中，他自强自立，刻苦自学，后来不仅能够读书看报，而且能够很利索地打算盘、算账，还写得一手漂亮的毛笔字。抗日战争时期，他曾在家乡担任过一段时间抗日村长，遭受过日本鬼子惨无人道的毒打。新中国成立以后他仍从事商业工作，公私合营以后，在灵石县百货公司当营业员。父亲历经土改、肃反、“反右”“四清”“文化大革命”等多次政治运动，也曾经蒙受过不白之冤。他的一生，可以说是艰苦奋斗、历经磨难和坎坷的一生。退休后和我们住在一起，他还天天戴着老花镜读书看报，关心国家大事。遇到不懂的地方，还虚心地请教女儿女婿。父亲一生经历丰富，虽然艰难曲折，但也多姿多彩，再加上他善于表达，因此，他常常给外孙们绘声绘色地讲故事，讲过去的事，讲他亲身经历过的事。外孙们听起姥爷讲故事来，总是那样津津有味、专心致志，那样聚精会神，有时甚至忘记了吃饭睡觉。

有一次吃晚饭的时候，父亲的右脸颊上粘了几粒米。景看见了，就赶紧拿了自己的小手绢为姥爷擦脸上的米粒。擦的时候，他注意到姥爷的右颊上有一道长长的伤疤，就问："姥爷这里怎么有这么长的一道伤疤，是不是您小时候不小心磕伤的？"

"哪里？是日本鬼子打的！"父亲一提起这块伤疤，就义愤填膺，情绪不由得激动起来。

"这是为什么？那些坏蛋怎么能把姥爷打成这个样子？"姐弟仨相争追问。因为那些年，孩子们看过电影《地道战》，所以他们大概知道一些日本鬼子侵略中国，在中国烧杀抢掠的罪恶行径。现在得知日本鬼子还打伤过自己的亲人，此刻，他们是多么急切地想了解当时的情况啊！我在一旁插话说："那就请姥爷给你们讲一讲过去发生的那些事吧！"父亲没言语，只点了点头。

那是一个幽静的晚上，弯弯的月亮挂在树梢，月光透过玻璃窗射进我们的屋子里，天空中星星闪烁着明亮的光。三个孩子围坐在姥爷的身旁，聆听着姥爷讲他亲身经历过的故事，诉说当年万恶的日本帝国主义在中国犯下的滔天罪行。父亲盘腿坐在炕头，怀着沉痛的心情讲起了20世纪40年代日本帝国主义侵略中国时，他遭受日本鬼子的欺凌和毒打的事情。

他说："1940年夏天，我从灵石县回到家乡——平遥枣树坪村。当时乡亲们推选我当村长，我推脱不了，就当上了村长，为乡亲们办些事情。当然，也为当时的抗日根据地政府做一些事。

一天，吃罢早饭，我正准备出门到灵石去，突然，有人跑来告诉我说，本村的一个叫高深的人领着一群日本鬼子进村了。我心想来者不善，我还是赶快离开村子为好，于是我提着东西匆匆忙忙往出走。没想到一出家门，那个高深已经领着一群日本鬼子堵在了门口，还带着一个翻译官。这群穷凶极恶的强盗有的手持大刀，有的挎着步枪、手枪，枪头上的刺刀明晃晃的，他们一下子把我拦住。高深指着我对他们说：'他就是村长。'霎时间，这群野蛮的强盗不问青红皂白，扑上来抓住我的领口，连拉带推将我带到村公所，说我是八路军派的村长，逼着我说出和八路军有什么联系以及八路军的活动情况，说出村里谁是共产党、八路军。原来，高深领着那些家伙们先到了庙上——村公所所在地，乱搜乱抢了一顿，他们在庙里的神像背后搜出了几份抗日政府办的报纸来，就认为这里是八路军活动的地方，马上命令高深必须找到村长。高深害怕日本鬼子不过放他，就领着他们找上门来了。"

父亲悲愤地接着讲述："我说：'我不是八路军，别的情况我不知道！''你的，八格牙鲁，杀了杀了你的！'一个日军头目在我面前挥着明晃晃的刺刀，操着一口不通顺的中国话威胁我。意思是你要不说，就用刺刀捅死你。面对着这些穷凶极恶的匪徒，我无话可说。他们用绳子将我五花大绑捆起来，死死绑到一根石柱子上，一个家伙拿起一根扁担朝着我劈头盖脸就打下来，一会儿，我就被打得头破血流，遍体鳞伤。因为那家伙用力太猛，所以几下子那根扁担就给打折了，扁担的一个裂茬扎在我的嘴唇上，那家伙往上一挑，顷刻，我的脸颊上就血肉模糊了。我脸上的这道伤疤就是这样留下的。那时正值炎热的盛夏，血水、汗水浸透了我的衬衣，但我没有流一滴泪，只有满腔的仇恨。紧接着又是一阵严刑拷打，我终于支撑不住了，只觉得眼前一黑，便昏了过去……”

父亲越讲越悲愤，他愤慨地说：“惨无人道的日本鬼子哪里肯就此罢休？他们用大桶的冷水往我的身上泼，想弄醒我继续拷问。当时我已经是奄奄一息、神志不清了。他们又把我的老父亲、妻子，也就是你们的太姥爷和姥姥也抓起来严刑拷问。鬼子把明晃晃的刺刀架在你们姥姥的脖子上百般要挟，并威胁恐吓。但是她神态镇定，气愤地说：‘你们这些惨无人道的强盗，凭什么把人打成这个样子？以为我会怕吗？我就不怕死！’一个是白发苍苍的老人，一个是没有出过家门、没有见过世面的善良的农家妇女，但是他们在强盗面前没有丝毫怯懦，没有丝毫的奴颜和媚骨。”

“当时你们的妈妈还没有出生。”父亲指了指一旁的我，继续说：“你们的舅舅只有 9 岁，他哭着说：‘俺爹爹是大大的良民，你们放了俺爹爹吧！’在场的乡亲们无不感动得掉下了眼泪。但是那些野兽们还是不肯把我放过，他们照旧对我百般蹂躏。最后，看到人快不行了，他们就派人把我往距离本村有十里路的偏城村押送。偏城村是日本鬼子在那一带的据点。押送的路上，我昏昏沉沉，没走几步就走不动了。路经北石渠村时（我的堂姑母当时在北石渠村），堂姑母已听说我被日本鬼子抓起来严刑拷打并要往偏城村押送，白发苍苍的她捧着个大西瓜一直在路边等候着我，她看到我被打得皮开肉绽、血肉模糊，心疼得一边流泪，一边用她那颤抖的手一口一口地喂我西瓜吃。她嘴里不停地叨叨着：‘作孽！真是作孽，该死的日本鬼子！’她含着眼泪再三安抚我一定要坚强地活下来，并且说老天爷总有一天会惩罚这些狗强盗的。”

父亲沉默了片刻，接着往下讲述：“在偏城村敌人的据点里，我被关押了10多天。在那里，我想到了死，也想到了越狱逃跑。但想到家里一家老小还等着我回去，想到十恶不赦的日本鬼子总有一天会被送上历史的审判台，所以我不能死，我必须坚强地活下来。越狱逃跑必须看好时机，不能蛮干，否则后果会更惨。你们的姥姥有个堂姑母是偏城村的，你姥姥当天就骑着毛驴到了她姑母家，请她姑母帮忙，想办法解救我……鬼子们始终也没有找到关于我和抗日政府方面来往的证据，所以关了半个月之后，他们就把我放出来了。我在押期间，我的表哥——也就是你们的爷爷，闻讯跑到偏城村去探望我，想给我送床被子和一些吃的东西，结果不但没能见上我的面，还遭到了日本鬼子的一顿毒打。”

父亲愤懑地讲述着20世纪40年代日本帝国主义侵略中国的罪行，国仇家恨令他刻骨铭心，永生难忘啊！他遭受了日本鬼子的残酷迫害，亲眼目睹了日本鬼子在中国犯下的滔天罪行。最后老人语重心长地对孩子们说：“日本鬼子根本不把咱中国人当人看待，是因为当时中国贫穷落后，国民党政府腐败无能呀！如今，咱们国家强大起来了，人民站起来了，现在你们是赶上好时代了。所以咱们一定要感恩社会，感激时代。孩子们，你们一定要努力学习本领，将来好为国家、为社会做事，让咱们中国更强大，我们绝不能再当亡国奴了！”

听着父亲动情地讲述那段血泪斑斑的历史，孩子们以及我和丈夫都被深深地感染了。梅的眼里含着泪花，两个儿子紧紧攥着拳头。他们抱着姥爷的胳膊，愤慨地说：“我们恨死日本鬼子啦！我们一定要好好学本领，让我们的祖国更强大，不再受外国人的欺凌，我们绝不能再当亡国奴。”

听着父亲遭受日本鬼子惨无人道的残酷毒打、欺凌的经历，不用说对孩子们，就是对我和丈夫，都是一次活生生的爱国主义教育。让我们永远不忘国耻，永远热爱自己的祖国。在学习和工作中，我们必须要为社会尽自己的一份力，让自己的国家永远强大。

景后来在一篇回忆姥爷的日记中这样写道：

> ……给我印象最深、使我永远不能忘怀的是在我童年时疼我爱我的姥爷。他曾亲手制作小卡片教我认字数数，使我在学龄前就认识了几百个字，他是我的第一位文化启蒙老师；在我上学前和我打扑克玩，并用他那硬硬的胡子茬扎我的小脸蛋而后开怀大笑；他曾和我一起喂养那群可爱的小鸡雏，看着我追逐着到处乱跑的小鸡笑；他曾带我到他曾经工作过的地方灵石县玩，使我第一次见到了煤矿；过年时，是他把崭新的5毛钱压岁钱塞到我的枕头底下，并放上一把我幼时最喜欢的水果糖；在宁静的夜晚，他娓娓动听地给我们讲一个个神奇的故事……当我背着书包跑回家喊‘饿’时，是他笑眯眯地拿出我最喜欢吃的干馍馍片；是他代表我的父母参加我的第一次家长会，给予了我教育和鼓励；当学校贴出红榜时，他听说有我的名字，不顾年高，亲自蹬自行车前去看榜；是他拿着报纸大声朗读：‘苏联侵略阿富汗……’使我第一次知道了什么是新闻；更是他，把原本英俊的脸上那一道三寸长的伤痕指给我们姐弟，并给我们动情地讲述了日本鬼子惨无人道的暴行，激起了我们无比的愤怒，使我们懂得了什么是爱国，为什么要爱国。懂得了学好知识将来建设一个强盛的中国的重要性……啊！我亲爱的姥爷，现在，

你在哪里呀？

本来姥爷的身子骨是很硬朗的，74岁时还不顾母亲的劝阻坚持骑自行车上街买菜，常常和爸爸妈妈争着抢着做饭、干家务活儿。妈妈炒上三个鸡蛋，想让他下酒，可他总是自己吃上几口，就悄悄分给我们姐弟三个。他喜欢看电视，可是常常坐在那里看着看着就打起呼噜，进入了梦乡……我们本来准备为他买个舒服些的靠椅，他却坚决不要，但我们还是偷偷给他买了回来。可是谁知道就在那年腊月，姥爷照例回老家农村过春节，在那里不慎跌了一跤，导致脑出血，不幸逝世了……靠椅买好了，他老人家还未坐过，就离我们而去了……想到这里，我不由得垂泪了……

1983年1月13日，是我们全家永远难忘的日子。就是这一天，父亲永远地离开了我们，记得半个多月前，他要回平遥老家过年，之前，他给老家的儿孙们购买了好多的年货，吃的、穿的、用的，应有尽有，个个有份儿。那天上午，我和梅亲自把他送上火车，并说好过几天有顺车给他捎两袋白面回去，以保证他在老家农村天天能吃上白面。可是，令我万万没有想到的是这竟是和他老人家的永别。那天，我正在学校上课，突然五侄子从平遥老家急匆匆来找我，说他爷爷病重，让我赶快回去。当我和丈夫急忙请了假，安排好三个正在上学的孩子，心急如焚赶回老家时，他老人家已经静静地躺在那里，永远不能再醒来了……我看到父亲那熟悉的面容，还是那样的安详，那样的和蔼可亲，忍不住扑上去抱着爹爹失声痛哭，可是，他再也没有睁开眼看我一眼、应我一声……记得1983年1月7日那天，父亲还给我们写过一封信，这是他老人家写给我们的最后一封信。那是他收到我们托人给他捎去的两袋白面以后写的，我们收到他的信还不到三天哪！他就这样匆匆去了。父亲这封信我至今还珍藏着，每当我翻开这封信，看到那熟悉的、清秀有力的笔迹，读着他对我和孩子们的亲切教诲和嘱咐时，我总是潸然泪下。他写道："……托人捎的两袋白面收到了……腊月里小偷多，你们要注意财产安全。梅、亮、景，你们姐弟三人一定要好好学习，努力奋斗，争取期末考试获得第一二名，这是你们的前途和荣誉，这是姥爷对你们最大的希望……"

我留下来料理父亲的后事，丈夫赶回榆次的家中安顿一下孩子们，再回老家为父亲送葬。他回去后，三个孩子急切地问询他姥爷的病情。丈夫没敢直接告诉孩子们姥爷去世的噩耗，只说病重，怕他们过分伤心影响学习，况且，亮那几天还正患感冒（那几天正好我的五姨来到我家，为我照看孩子，照管家里）。但是孩子们很聪明，他们从丈夫和五姨的交谈中猜测到姥爷的情况很不好。丈夫决定把父亲去世的噩耗先告诉梅，因为她是家里的老大，准备让她代表她的两个弟弟回老家为姥爷送葬。梅得知姥爷去世的消息，站在屋子里泣不成声。亮看见了就叫着姥爷放声大哭起来，他哭着问："姥爷怎么啦？我要跟着爸爸回老家去看姥爷。"景也哭着说："我不去上学了，我也要去看姥爷！"丈夫和五姨做了很大的说服工作，最后才把亮、景留在家里。出殡的时候，他只带了梅回到老家枣树坪村为我父亲送葬。

那年腊月，天气异常寒冷。出殡的那天，我扶着父亲的棺木在那里泣不成声。葬礼上，我听到了女儿梅的声音，那是她在为姥爷致祭文。她恭恭敬敬地站在姥爷的灵柩前，强忍着心中的悲痛，用标准的普通话朗读着她写的祭文。祭文如下：

敬爱的外祖父：

得知您逝世的噩耗，我泣不成声。半个多月前您回平遥老家，我和妈妈送您到榆次火车站的时候，您还是那样的精神矍铄，而现在，您却静静地躺着，永远地睡着了。然而，您的音容宛在。您是德高望重的长者，却从不居功自傲，对老的少的都以礼相待；您和蔼可亲，平易近人，和您接触过的人，都从心底里尊敬您、称赞您；您胸怀宽广，开朗大方，乐于助人，人们都愿意和您接近，和您相处；您爱惜财物，勤俭节约，千方百计造福子孙；您直言不讳地教育我们，教我们踏实做人，勤恳做事；您还常常教导并鼓励我们努力学习，长大成才，为国为民，那是您对我们真正的爱啊！此时此刻，您永远离我们而去了，从未有过的巨大悲痛袭入我们的心头。您对我们的亲切教诲和殷切希望，将永远铭刻在我们的心间。我是您的外孙女梅，我代表我的两个弟弟亮、景沉痛地哀悼您。我一哭便说不出话来，就将这篇祭文作为菲薄的祭品，奉献在您老人家的灵前。

安息吧！敬爱的外祖父。”

她的祭文感动了在场所有的人，人们都流下了眼泪。

那年梅 15 岁。

时光已经又过去 30 多年了。我想：倘若父亲能够再多活十来个年头，看到他的外孙们一个个都考上了名牌大学，成长为优秀人才，他老人家该是何等的欣慰啊！

故事 12

丈夫再次到外地工作以后

1984 年 3 月的一天中午，我正在做饭，丈夫下班回来了，他告诉我说组织上要调他到太行山区的和顺县任县长。他当时已经是晋中行署的副秘书长兼行署办主任了，属县处级干部。对于不太追求名利地位的我们来说，一家人能在一起安安稳稳、平平静静地过日子，已经很满足了。所以，丈夫带来的消息没有使我兴奋起来，反而勾起了我对过往岁月的回忆，让我不禁思潮涌动。十几年的两地分居生活已经让我们吃尽了苦头，好不容易全家才团聚了几年，怎么又要分开？况且，眼下三个孩子正处在成长的关键阶段，他走了怎么能行呢？

“那么，你愿意下去工作吗？”我迫切地问他。

“不愿意，可是组织上已经决定了。”他一脸的无奈。

“你答应了吗？”我问道。

“答应了。”他看着我的眼睛回答。

我深深地了解丈夫，在事业和家庭二者发生矛盾时，他总是选择前者。我的苦日子又要来了。我眼眶里噙了半天的泪水终于扑簌簌地落下来。丈夫掏出手绢来一边为我擦眼泪，一边安慰我说：“不要紧，干几年咱就回来。”

“你不用哄我，谁知道又得熬多少年！”我心里有种说不出的苦楚。

当时，两个大孩子梅和亮都在重点中学榆次一中就读，女儿梅读高二，长子亮读初三，面临中考，次子景面临小学升初中的考试，他们正处在成长的关键时期，为了孩子，我不能跟着丈夫一起到和顺县里工作，那里的教学条件和学习环境都不如榆次。

我转念又想，过去丈夫在辽宁工作的那些年，我一个人带着孩子们在老家农村教书，历经艰难竭蹶，吃尽了苦头。如今，毕竟三个孩子又大了许多，而且“文化大革命”那些年的沉重的政治压力也没有了。何况，现在丈夫是去当县长了，我们两家祖祖辈辈还没有出过个“县官”呢！这样换个角度想，心中的酸楚就减轻了许多。我就这样安慰自己，鼓励自己迎接新的挑战。为了支持丈夫的工作，为了孩子们的成长，困难，由我一个人扛着吧！

3 月 26 日那天，晋中地委和行署的领导同志将送丈夫到和顺县上任，宣布领导班子。在此之前，丈夫和我都还没有去过这个县，只知道和顺是太行山区的一个革命老区。那天早晨我早早起来，为丈夫做了可口的饭菜。饭桌上，丈夫嘱咐三个孩子说:“你们是爸爸妈妈的好孩子，是懂事的孩子。爸爸这一走，全家的担子又落在你妈妈的肩上了，你们一定要好好学习，积极上进，要听妈妈的话，多帮妈妈干些家务活儿，少让妈妈操心，尽量减轻一些她的负担，这对你们来说也是个锻炼和考验啊！爸爸相信你们能够做好的。”

“爸爸放心去吧，我和弟弟们会好好学习、听妈妈的话，做好这一切的。”女儿说。她是在回应爸爸的嘱咐，又像是在安慰妈妈。两个弟弟一边吃饭，一边也附和着姐姐说的话。

“你一个人在外面也得照顾好自己啊！”我嘱咐丈夫。

吃完早饭后，三个孩子就和爸爸一一挥手告别，匆匆忙忙上学去了，丈夫目送他们走出了院子的大门。

送丈夫上任的领导和同志们来了，丈夫便带好东西同他们一起走出家门。临上车，丈夫握着我的手深情地说：“有劳你了，多保重，我安顿下来就会给你和孩子们写信的。”那个时候交通和通信都不方便，到和顺县城乘汽车得花半天时间，家里也没有电话。当着人们的面，我忍着心中惜别的惆怅，强装着笑脸把他送上车，看着他乘坐的那辆黑色的小轿车飞驰而去，我一个人呆呆地站在大门口，觉得那辆小轿车就像带走了我的灵魂。回到家中我趴在床上，一股惜别之情涌上心头，眼泪忍不住哗哗地流了下来，我哭了，屋子里就我一个人，我可以毫无顾忌地发泄一下自己的情绪。我努力想把自己的思绪引开，可是怎么也做不到，那股浓郁的情感总是把我牵向他，希望将他紧紧地拥抱，让我们永远也不分开。这种情感我久久不能释怀……

丈夫到和顺上任了，家里就留下我们娘儿四个。

丈夫一到那里就全身心地投入了工作。那时还没有实行每周5天工作制。星期天，他总是下乡、下厂矿去调查研究，帮助基层解决实际问题，只有回榆次开会，或者有什么公差时，他才能有机会顺便回家来看看，家里的事是彻底指望不上他了。

自从丈夫走后，我的三个孩子仿佛长大了许多，懂事了许多。学习更加用功、更加自觉。梅放学回到家里，书包往桌子上一搁，就进厨房和我一起做饭，跟我聊学校的事，和我交流思想，探讨问题，还帮我教育和辅导两个弟弟，堪称我的得力助手和知音；亮儿把以往归爸爸干的活儿都承揽过来，放学回家后自觉擦地、和煤泥、搞卫生，重活、累活他总是抢着干，像个小男子汉了。景儿虽然年纪小，但他总是把自己的事料理得妥妥帖帖，从来不用别人操心，还自觉地干一些诸如掏炉灰、剥葱蒜、抹桌子、收拾碗筷等力所能及的杂活儿。他们比过去更懂得疼爱妈妈了，有好吃的总是先让妈妈吃，有剩饭剩菜自己抢着吃，他们谁都怕把妈妈累着。因为他们认为妈妈是家里的顶梁柱，妈妈肩上的担子是最重的，家里不能没有妈妈。

丈夫上任后不久，我就被提升为晋中聋哑学校副校长，分管教学工作。其实，当副校长并不是我所希望的。晋中地区教育局领导找我谈话时，我就说到丈夫在外地工作，我一个人带着三个孩子，负担很重，分管教学工作的副校长责任重大，恐怕难以胜任，还是让别的同志干吧。但领导诚恳地对我说："这是经过领导反复考察了解、群众推荐、教育局领导研究决定的，群众和领导都非常信任你，你完全能够胜任此工作，你的负担的确不轻，但领导上相信你会克服困难，干好这项工作的！"既然如此，我只能从命了。

就在我刚刚上任不到 1 个月的时候，学校出了个大事故——一名 14 岁的聋哑女学生在校园里不幸被一辆大卡车压死。为了处理事故，我三个夜晚都没合眼，没能回家，只能抽空急急忙忙回家料理一下，为孩子们弄点吃的东西，并嘱咐一下他们要注意的事情。家里由梅全权负责，照顾并管理两个弟弟。我反复叮嘱三个孩子："妈妈有重要的事情要去处理，顾不上回家，你们两个一定要听姐姐的话，按时起床，按时上学，按时睡觉，料理好自己，一定要注意安全，妈妈相信你们一定会做好的。"

"妈妈放心吧，我们会照管好自己的。"三个孩子很自信地说。

三个孩子果真做得不错，等我处理完事故回到家，看到家里收拾得干干净净、整整齐齐，他们的学习、生活井然有序。我的身体虽然极度疲惫，但看到孩子们的进步，格外欣慰。于是，我说："你们看，妈妈的孩子多棒！多么有自理能力！妈妈就知道你们是懂事的好孩子，没错吧！"

“妈妈，昨天晚饭姐姐让我们吃西瓜皮了。”景半开玩笑半撒娇地报告。

“是吗？”我问。

原来，他们中午吃完西瓜后留下西瓜皮，梅晚上回来先把西瓜皮的翠衣刮去，再把瓜皮洗干净切成丝，加上调料拌成凉菜，姐弟三人吃得津津有味。

“多有创意！既富有营养，又香甜可口，既节约又环保，还能祛暑清热，你们的姐姐真能哟！”我由衷地夸奖着女儿。听到妈妈的夸奖，梅高兴得合不拢嘴，母子们哈哈大笑起来，我的倦意也烟消云散了。

“流自己的汗，吃自己的饭。”这是丈夫和我常对孩子们讲的一句话。所以，我们从小就注意培养孩子们的自理能力，培养他们自力更生、不依赖他人的思想品格。他们从走路摔了跤自己爬起来，到自己洗袜子、洗手绢，到自己洗衣服、整理床铺搞卫生，一点一滴学会了自己的事自己做，有了困难尽量自己想办法解决。到再大一点，跟着父母学做饭、料理家务，自己处理和克服生活和学习中遇到的困难和问题。他们从小就养成了自力更生的习惯和作风。尤其是在学习方面，梅给两个弟弟做出了好榜样。她学习自觉而勤奋，学得灵活，并能学以致用。在物理课上学了电学，就回家试着接线安装电灯。她还学着给两个弟弟理发、蹬缝纫机缝补衣服。当时，在我们生活的那个圈子里，孩子们算是干部子弟了，但他们从不沾染娇骄二气，始终保持一种平民心态，靠着自己的勤奋和努力，取得了一个又一个骄人的成绩。梅在中学时，就写文章往报社投稿。一次她写了一篇小稿，让爸爸顺便捎到晋中报社。几天以后，这篇短文就见报了。又一次是1984年洛杉矶奥运会期间，她在电视里看到奥运会上中国选手姚景远获得了举重比赛67.5公斤级金牌，为国争了光，鲜艳的五星红旗冉冉升起，随即奏起了庄严的国歌。她很激动，当即便写了一篇题为《为中华崛起》的散文以抒发自己的感情。第二天，她自己骑自行车将这篇稿件送到了报社。当时，我和她爸爸都不知道此事。过了几天，她的文章发表了，我们看到后问及此事时，她才告诉我们说:“上次我发表的文章是爸爸捎去的，发表以后，我心里很不踏实，心想：是不是人家报社看了爸爸的面子才给我刊登的？这次我自己送去，报社的叔叔阿姨们根本不认识我，我要看看自己是否真的有能力!”

“多么自强的女儿!”丈夫和我都由衷地为女儿感到骄傲。

三个孩子参加中考、高考，我们都没有往考场送过，他们总是自己步行或骑自行车前往。记得1985年梅参加高考，我要骑自行车送她，可她就是不让我去送，坚持要自己骑自行车去。我放心不下，还是坚持要送她，结果她一个人骑着自行车先跑了，我在后面追也追不上。一会儿，她就把我甩掉了，我只好返回家去。我知道她是怕妈妈受累，她却说怕妈妈跟着去了反而影响她的考试情绪。待到景、亮参加高考时，他们都是这样讲的:“姐姐是女孩子都不用妈妈送，我们都是男子汉了还用送吗?”

三个孩子大学（都在北京）入学，要说他们都是第一次离家出远门，那时我们完全有条件找个车去送他们。可是，他们都坚持不让送。他们的理由是：我们完全有能力办好自己的事，爸爸妈妈不必为此操心。所以，我们只送到火车站就返回了。入学前的一切手续，像户口、粮食关系、组织关系的转移等手续，都是由孩子们自己前去办理的。实际上这本身对他们就是一种锻炼。梅考上了北京大学，第二年暑假，到爸爸所在的和顺县参加社会实践活动，搞社会调查。她爸爸让县委政研室的同志下乡带上她调研。她跟着政研室的同志跑了两天，觉得这样让人家领着不如自己独立去搞调查研究好。于是，她婉言谢绝了爸爸同事的帮助，自己骑一辆旧自行车到工厂、农村去搞调研，直接接触第一线的工农群众和模范人物，并虚心向他们学习。她一个人先后进行了七八天走访调研，写出了人物通讯《一个企业的新生——记实干家王银素》。她写的这篇反映当时改革浪潮中涌现出的先进人物的通讯，被晋中地委政研室编入《群星灿烂》一书。这本书至今我还珍藏着。

通过多年对孩子的培养与教育，以及对周围一些家长教育子女的情况和现象的观察、分析与研究，我深深地体会到培养孩子的独立性至关重要。独立实际上是一种对人格的尊重。父母从小就应该注重培养孩子吃苦耐劳和自食其力的精神，放手让孩子去独立活动，并在活动中给予及时的引导、帮助和教育。父母对孩子真正成功的爱，就是让孩子尽早作为一个独立的个体从你的生命中分离出去，这种分离越早，父母的教育就越成功。反之，父母越是害怕孩子吃苦受制，对孩子溺爱，将孩子的各种事都包揽下来，舍不得给孩子“断奶”，不注重对孩子独立能力的培养与锻炼，那么，孩子将来在生活的道路上往往就会更加艰难，甚至可能成为“啃老”族。

然而，孩子的成长并不是一帆风顺的。他们就像幼小的树苗，在成长的过程中，会遇到一些风雨，有时还会长出一些斜枝歪叶，这就需要园丁付出心血去培育他们。在陪伴孩子成长的过程中，特别是在丈夫再次到外地工作的那些年，我一个人带着三个孩子，感受过许许多多的酸甜苦辣。在这期间，我有过喜悦与欢乐，也有过烦恼和苦涩，有过欣慰和自豪，也有过焦虑与无奈。

1984年秋，亮上了榆次一中高中，景上了榆次一中初中。梅已是高三的学生了，她学习十分紧张，礼拜天也不休息，学习负担很重。亮、景相对轻松些。一个星期天，吃完早饭，梅照常到学校上课去了。亮说他也要到校补课，也背着书包走了。我去道北街粮店购买我们一家人一个月的口粮（那时粮食还是定量供应）。景一个人在家做作业。我推着家里那辆破旧的加重自行车，到粮店排了近两个小时的队，买了90多斤粮，一个人把它们驮在车子上艰难地往回走。到猫儿岭自己家一路都是上坡，我推这么重的粮食的确很费力，累得满头大汗。路过榆次一中，我想，倘若亮补完了课，可以帮我推推车子，然后母子俩一起回家。于是，我搁下自行车，到亮的教室看他的学习情况。可是，让我没有料到的是，他们的教室门紧锁着，里面竟然空无一人。我去问老师，才知道他们班今天根本就没有补课这回事。

"那么他到哪儿去了呢？一定是玩去了。"我心想，今天本来想让他帮我去买粮，就是因为怕耽误他补课，我一个人辛苦就是了，没想到这孩子竟然撒了谎，没有去上学。我十分生气，推着车往回走，一路上汗流浃背，气喘吁吁。路过宿舍区的家属院里，听见有邻里同情地议论："看男人不在家，女人受罪啊！"听了这话，又想到儿子不能理解妈妈的一片心，很伤心。

回到家，已经是中午12点多钟了。景见我累得满头大汗，又是给我递毛巾擦汗，帮着卸车子上的东西，又是为我倒水。我气鼓鼓地一屁股坐在沙发上一言不发。景知道妈妈太累了，情绪不太好，也就没有多说话。一会儿，亮推门进来了。我看见他，就没好气地问："你上午干啥去了？"

"去学校补课了。"看见我生气了，他低着头轻声回答，手里不自觉地搓着一片小树叶。

“看来你是真的学会说谎了，我已经去过你们学校了，你给我老老实实说，一个上午你到底做什么去了？”我拉下脸来严肃地责问。

他看着我一身的汗水和眼眶里含着的泪水，再看看我刚刚驮回来的一堆米面，知道自己错了，便说了实话。原来，他和几个同学结伴赶庙会玩去了，怕我不让他去，于是就撒了谎说是到学校补课去了。

我气极了，心里翻腾起来：我的儿啊！你为什么这么不懂事，这么不理解妈妈的苦心？妈妈为你竭尽全力，费了多少心血啊！你爸爸不在家，妈妈一个人带你们姐弟仨容易吗？……我越想越生气，越想越伤心，我真想狠狠揍他一顿，可怎么也抬不起手来。一肚子的委屈，我不由得倒在床上哽咽起来。

不一会儿，梅放学回来了。她一进门就问弟弟们：“咱妈呢？”以往她回到家第一眼看到的就是妈妈在厨房里忙着做饭，今天看不见妈妈了。

“在床上躺着呢！”景回答。

“妈妈怎么啦？是不是生病了？”梅放下书包急切地跑过来看我。一看我在流泪，就问弟弟们是怎么回事。亮在一边站着不吭声，景说：“妈妈被哥哥气哭了。”他把事情的原委告诉了姐姐。

“亮，你真是太不懂事啦！难道你就不知道咱妈的负担有多重？她为咱们姐弟吃了多少苦，受了多少累，操了多少心！你还要惹她生气。你还不赶快认错改错！”梅气鼓鼓地命令着她的弟弟。“过来，给妈跪下，认识你自己的错误！”她说着，在门旮旯里捡起一根鸡毛掸把子在弟弟屁股上啪啪打了两下。此时此刻，她俨然是个大人，她的神情是那样的威严，一下子使弟弟折服了。亮走过来跪倒在我的床前，痛哭流涕检讨自己。梅当时的那种气度和举止，我现在还记忆犹新。女儿以她那颗纯真的爱心，以及那种同龄孩子难以具有的气度和胆识！既严厉地批评教育了弟弟，又抚慰了妈妈的心，使当时家里那种紧张而沉闷的气氛缓和了许多，而这一切，都是因为爱——她对妈妈和弟弟深深的爱。

“妈妈，是我错了，我对不起您，请妈妈相信，今后我一定会改正的，妈妈原谅我吧！”亮跪在那里抱着我的小腿一边哭，一边忏悔。

梅站在一边关切地注视着我，眼里噙着泪花。看到这三个可爱的孩子，此时我的感情控制不住了，眼泪不由得夺眶而出。我坐起来拉起亮说：“妈妈为你们吃苦受累，心甘情愿，你们要好好学习，努力成才，不要辜负了妈妈的期望啊！”

“我们明白了。”三个孩子又紧紧地围在了我的身边。

一场风波过去了，母子们破涕为笑，一起到厨房去做晚饭吃了。家里又恢复了以往的那种温馨。

那天晚上，我躺在床上怎么也睡不着，想着今天发生的事情，心里反复思考一个问题：儿子为什么不用功学习，还说谎？我试图找到症结、事情的缘由所在。后来也和丈夫共同探讨过这个问题，认为问题还是出在我们身上。亮儿从小聪明，开朗，不认生，跟着谁都行。我在生了景之后的哺乳期，带三个孩子困难重重。那时我们的住房很紧张，在平遥火柴厂一家五口只有 10 平方米的半间房子，加之我母亲从生病到去世这段时间，我既得上班，又得哺乳喂养孩子，还得料理家务，照顾生病的母亲，整个人超负荷地运转，实在是太累了。在这种情况下，我只好把 3 岁多的亮儿送回范村公婆家。那时梅 5 岁多，她多少还能帮我点忙，而且她总是不愿离开爸爸妈妈。记得有一次，丈夫把她和亮一起送回范村她爷爷奶奶家，吃了午饭，她看到爸爸要走，就赶快爬在爸爸的自行车后椅上，两只小手紧紧抓住自行车座，哭着说她要跟爸爸一起回家，她不要留在村里。没办法，丈夫只好又把她带回平遥火柴厂的家里。而亮儿此时早已和小朋友们到枣园里捡枣子去了，根本不管去留的事，就这样，他留在了村里。孩子在爷爷奶奶家，没有了父母的爱。奶奶还不错，而爷爷对孩子的确太严厉了。他常常板着面孔训责孩子，弄得孩子不知所措，只知道瞪着两只大眼睛看他的脸色。回想起婆母给我讲述过这样一件事：一天，婆母在屋子窗户外面的台阶上晒秸秆，公爹在屋子里的炕上躺着，他感冒生病了。那时我母亲刚去世不久，亮儿在奶奶旁边玩耍，他突然好像想起什么，抬起头来向奶奶发问："奶奶，你说为什么我姥姥病了一场就死了，爷爷病了就没有死呢?"婆母赶快压低声音向他摆手说："俺孩儿小声点，快不敢说啦！别让爷爷听见。"可是孩子的话还是被屋子里的公爹听到了，他在屋子里大声骂道："祖爷死不了，你小子回来掐死我吧！"天真的孩子遭到爷爷的责骂，不知自己究竟做错了什么，他委屈得哭了……孩子纯真的心灵就这样受到了伤害。这个时期正是孩子开始认识世界的懵懂时期，却生活在这样的环境中。而后来回到我们身边，又因为淘气常常受到批评，我们对他要求有些过严，让他产生了心理压力，甚至对父母的信任度也打了折扣……回忆着这些往事，我心里难过起来，感到歉疚，觉得自己对不起孩子，让孩子离开自己生活在那样的环境里，是自己的渎职。因为如果没有这些诱因，孩子没有必要拿说谎来难为自己。孩子天生并不会说谎，问题在大人身上。因此，我和丈夫必须调整和改变自己的教育方式及方法，不能简单粗暴地对待孩子的"犯错误"，而应尽量和孩子平等沟通，理解孩子，晓之以理，动之以情。事实上，“犯错误”是孩子成长的必修课，就看家长如何引导了。

从那以后，亮渐渐懂事了，他开始刻苦学习，一改过去那种贪玩的习气，学习成绩呈直线上升，还主动帮我干家务，在各方面都有显著进步。丈夫回来看到儿子的进步，十分高兴，他由衷地夸亮是“爸爸的好儿子”。

那年深秋，天气骤然变冷。景突然生病了，发高烧，卧床不起。一开始，我先给他喂了点治感冒的药，但不见好转。我又用自行车把他驮到晋中地委医务室。医生说他是重感冒，随即给他打了一针，并给他开了些药让回家服用。可是到了晚上，景仍然高烧不退，不吃不喝，就是迷迷糊糊地睡。我给他一量体温，“啊呀！40℃。”我心急如焚，想先喂他几口水，然后再想办法送他到医院。可是景连眼也不睁，水也不喝。我急忙抱起他来擦着眼泪说：“儿啊，你再不喝点水，就要把妈妈急死了！”他十分勉强地睁开眼看了看我，然后乖乖地把半碗水喝了下去。

我走出院子，准备推自行车带景到医院去（那个年代，榆次还没有出租车），正好碰上同院邻居如琳下班回来，她是个年轻漂亮待人热情的大夫。看见她，我就跟她说孩子的病情。她见我愁容满面，立即说:“让我去看看。”

她仔细诊断了景的病情，问询了之前的治疗情况，就说:“让我用捏脊的方法试试看。”她让景趴下，搂起衣服露出脊背，用双手的拇指、食指和中指分别在脊柱两旁的背俞穴和夹脊穴上从上到下将背部的皮肉捏住提起再放下。这样一下一下捏、提、放，景疼得龇牙咧嘴，但他没有哭出声来。我在他身边一直为他鼓气：“我儿坚强些，勇敢些，忍住些，阿姨为你治病，家还没回，饭还没有吃呢！”就这样治疗了一番以后，孩子出汗了。如琳大夫又从她家拿了点药片，让孩子喝了些水服下去，然后让他盖上被子睡觉。到半夜里，景又出了一身汗，第二天早晨便退烧了，精神也好起来了，还嚷着要吃东西。我那紧绷的神经这才放松下来，我好感谢如琳大夫啊！是她，为我儿子治好了病，而她没有接受我的任何报酬。也就是从那次起，我才懂得了捏脊确实能祛风寒、通经络，这是一种很好的治疗疾病的方法。

1985 年清明节后不久，亮他们班里组织到太原春游。一大早，他们班 40 多个学生乘坐一辆大巴，在老师的带领下出发了，说是到傍晚回来。可是天色已晚，也不见回来。晚饭做好了，还是不见回来。这时候，我心里不免有些着急，就跑到学校了解情况，见有几位家长也来打问情况，都说是不知道怎么回事。那个年代通信设备还很落后，根本没有手机之类的通信工具，打个长途电话也很不容易。到后来，来找孩子的家长越来越多，大家都焦急地等待着。榆次一中的谢校长也很着急，通过长途电话寻找这辆旅游大巴的下落。已经是晚上 10 点多钟了，还是没有任何消息。此时，学校领导和家长们都非常着急，家长们坐在马路边焦急地等候着。不少孩子的爷爷奶奶也急得跑来了。大家你一言我一语，胡乱猜测着。有的说可能是出车祸了，有的说可能是孩子们游玩时出了意外，也有的说是车出了毛病了。我听着大家的猜测，也越来越不安，甚至是恐惧起来。我这个人的心理素质不怎么好，遇事总是爱着急、爱操心、爱担心，对孩子尤其是这样。眼看已经 11 点钟了，还不见孩子们回来，我简直不敢想象自己的儿子会有什么事，再加上夜晚寒气袭人和一天的劳累，我觉得自己身上一阵阵发冷，头晕目眩，有点儿快支撑不住了。好冷，好累啊！此时，我又想到了丈夫，我多么需要他来支撑我一下啊！好在女儿梅一会儿也跑来了，见到她，我好像有了点精神。梅两个月以后就要面临高考，她的学习尤其紧张，但看到弟弟这么晚还没有回来，她心里也很着急，所以做完功课，安顿好小弟弟景之后，她就也跑来了，还给我带来一件外套。我紧紧拉着女儿的手，有点颤抖地说："你不要离开妈妈，一旦你弟弟有个事，妈妈可能会精神崩溃的。"

"妈妈不要着急，弟弟不会有事的。"懂事的女儿一边摸着我的手臂安慰我，一边把外套披在我身上。

时间一分一秒地过去了，周围的气氛越来越沉闷。忽然，谢校长兴冲冲地从办公室跑来告诉大家说："刚才学校打电话和省教育厅联系，教育厅又和太原市联系，现在已经知道由于学生们乘坐的那辆大巴在路上出了故障，修车耽误了不少时间，现在车已经修好了，很快就会回来的，师生都安然无恙，请大家放心吧。"

"天哪！真是上苍保佑啊！"所有的人都长长地舒了一口气。我那紧绷的神经也放松了，头晕目眩顿时消失了。当我们接上亮回到家时，已经快凌晨了。亮却是若无其事，只是说饿，狼吞虎咽地吃着给他留的晚饭。

这是一次多么让人揪心的春游啊！

女儿高考即将来临，我和丈夫到学校去拜访她的班主任兼语文老师刘老师，和他商榷关于梅填报志愿的事。刘老师蛮有把握地对我们说："梅这个孩子，想报考哪个大学都可以，她是有实力的。"

"报北大？"丈夫试探着问。

"行！"刘老师肯定地回答。刘老师在榆次一中执教多年，颇有威望，他和我们的谈话是那么简单，那么轻松，看来他对自己的学生充满信心。

于是，梅就在报考志愿表上的第一志愿栏里填写了"北京大学国际经济系"。不久后，她以优异的成绩被北京大学国际经济系录取。接到北大的录取通知书以后，她的老师们都很高兴，夸她是个品学兼优的好学生。1985 年 9 月 10 日 ——全国的第一个教师节那天，梅的一篇题为《感谢你，我的老师》的散文发表在《晋中报》上，编辑在署名王梅的前面加上了“北大新生”几个字。她在文章里这样写道:“北京大学的录取通知书拿到手了，我的心在激烈地跳动。在这激动人心的时刻，我首先想到的是应该为我的老师写一首赞歌……敬爱的老师们，人生的道路是漫长的，我将永远永远地感谢你们。”她的几个老师看到这篇文章，很受感动，过了好长时间，他们见到我还总要提及此事，赞赏他们的学生、我的女儿的品行。她初中的班主任曹老师说:“梅这孩子不仅聪明好学，成绩优异，更有一颗纯真无瑕、洁白如玉的美好心灵。”

1985 年 9 月 9 日晚，女儿只身踏上了开往北京的火车。之前，我抽空忙着为她准备行装，在令人兴奋但又充满依依惜别之情的那些天，母女们、姐弟们总是有说不完的话。我嘱咐女儿到了大学要尽快适应新的环境，努力学习，和同学和睦相处，安排好自己的生活，保重身体，注意安全，不要忘了经常给家里写信……她不断鼓励两个弟弟加把劲勤奋学习，争取以后也能到北京来上大学，并再三嘱咐弟弟们一定要听妈妈的话，尽量多帮妈妈分担一些家务，少让妈妈操心，千万别把妈妈累垮了。亮对姐姐说:“姐姐放心好了，家里有我呢!”俨然一个大人，仿佛他已成了家里的顶梁柱。

一切都准备妥当了，就等着她爸爸从县城回来为她送行。直到出发的那天下午，丈夫才匆匆忙忙赶了回来。那天下午，天一直下雨。晚上，我和丈夫冒雨把梅送到太原火车站，把她送上火车，帮她安放好东西，丈夫一个劲地嘱咐着女儿。

“呜”的一声，汽笛鸣响了，火车徐徐开动了。女儿向我们挥手告别，我和丈夫也向她招手，渐渐地，看着女儿远去了，我的鼻子有点酸，眼泪就忍不住落了下来。丈夫安慰我:“不要这样！孩子去北京上大学，你要高兴才对呀!”

“嗯，我知道，可就是有点控制不住自己的感情。”我点点头说。

女儿到北京上大学走了，丈夫又回到他的工作岗位上去了，家里只剩下我们母子三人。

两年以后，亮考取了中国政法大学，景考上了山西省实验中学。那时丈夫已经调到省政府办公厅工作，但是这两个孩子中考、高考他都没能回来。

故事 13

孩子们和奶奶

我生三个孩子都没有住过医院，都是婆母在农村窑洞里的土炕上帮我接生的。虽然农村条件很差，在这种环境中生产，是带有一定的风险的，但是在那个非常时期——我的处境十分艰难，在她老人家的帮助下，我能够平安地生出三个孩子，应该算是幸运的了。婆母的恩惠我永远都不会忘记。婆母虽然从未上过学，但她多年来在村里接产，积累了丰富的经验。1967 年我生女儿时，超出预产期 20 多天，九斤重的胎儿，加之我是初产，又是难产，要是在医院，很可能得剖宫产。记得当时难产的情形，把我母亲都吓哭了，是婆母冷静处理，是她不断鼓励我，帮助我，才使我生下女儿。

20 世纪 50 年代，婆母曾经接受过县里专门组织的接产培训，加之她有一颗纯朴、善良的心，乐于助人，精于助产，所以那些年，差不多半个村子的孩子都是由她接生的，而从无发生过一例事故。更让人敬佩的是，她给人接产完全是义务的，从不讲报酬，至多人家孩子过满月时，请她吃一顿饭，送她一块毛巾之类的小礼品。就这一点来讲，她老人家就足以行善积德、荫庇子孙了。婆母与人为善，对待生活总是积极乐观。她深爱着自己的儿孙，婆母常常挂在嘴边的一句话就是“儿女是眼边的花，看了还想看”。在那些困难的日子里，她表现出了常人少有的宽容，后来条件逐步改善了，她就开始带着幸福的微笑享受生活了。

1971年，我还在平遥县乡村学校当教师的时候，刚过完春节，上级就要求中小学教师到县城集训。那些年丈夫还远在辽宁，我和两个年幼的孩子在平遥农村老家的那孔窑洞里又度过了一个凄凄惨惨的春节。那年女儿梅3岁，儿子亮还没有断奶，带孩子到县城参加集训困难重重。别的在哺乳期的女教师，都借故请假不去受这份罪。可我就苦了，因家庭出身问题压得我喘不过气来，丈夫又不在身边，精神上和体力上的苦都得自己吃。在这困难的时候，是母亲和婆母支持和帮助了我。我把梅送给母亲照看，请求婆母随我到县城照看亮。婆母知道我的难处，就坦然答应了。临走的前一天，亮儿感冒，发起了高烧，我急得到学区校长家去请假，他家人说他已经进城了，我又托进城的人向他请假，回来的人说领导对我很不满。我本来就担心领导会对我责难，说话做事总是小心翼翼，心里总揣着个“怕”字，夹着尾巴做人，听到这种回音，我心里又气又难过。但我心里又想：他们不满就不满吧，作为孩子的母亲，我必须首先对孩子的健康负责。这样，我迟到了两天。第三天，我的同事——年轻的代理教师左老师看到我没人手，困难重重，就主动来帮我，他把婆母用自行车带上，我用箩筐把孩子和行李驮上，赶到城里参加集训。到了县城，我想向领导说明一下情况，可是领导对我不屑一顾，很不客气地批评我：“你不按时到会，对集训持什么态度？”我默默无语，心里委屈极了，一个人悄悄流泪。婆母看在眼里，疼在心里，她主动安慰我，劝我不用把他的话太放在心上。她还不平地和旁边的人们说：“不是说毛主席是让人人都高高兴兴地过好日子吗？怎么还这样让人受委屈呢！”

那次在城里集训近一个月，天气异常寒冷，我们就住在平遥城里第八小学的大教室里，教室里没有床，睡的是用木板临时搭起的通铺，火炉子也不好，条件特差。婆母和孩子跟着我吃不好，也休息不好。

集训结束以后，我带着婆母和孩子到照相馆合了张影，准备把相片给丈夫寄去，好让他看到母亲和妻儿的近影。我还特地到商店为婆母买了一块花格子布衣料，婆母爱不释手，心里乐滋滋的。回到家里，她自己裁缝成了一件带有大襟的中式褂子。她穿上那件农村中老年妇女一般没有的花格布褂子，对着镜子照了又照，出去见人就夸耀："这是俺媳妇在城里给我买的衣料。"那年，她 58 岁。

丈夫从东北调回平遥火柴厂工作以后，我们在火柴厂安了家。虽然住房条件很差，五口人挤在一盘土炕上，但婆母也常常来小住看望孙辈们。1976 年，丈夫调到晋中地委机关工作。第二年夏，我也调到晋中聋哑学校工作。我们家也随之从平遥火柴厂迁往榆次。婆母差不多每年都要来住上一段日子，帮我做些家务。看到我们的住房条件、生活条件比过去有了改善，孙辈们也一天天长大了，懂事了，懂得孝敬和照顾奶奶了，婆母总是成天乐呵呵地夸她的孙辈们"好，好，好"，"有出息"。一家老小在一起，其乐融融，婆母尽情地享受着天伦之乐。

1978 年春天，婆母在榆次住了一段日子之后，想到太原看望她的四妹。婆母不识字，一直在农村，没有出过远门，加之她年纪大了，到了城里就不知道东南西北，要到太原必须有人相跟才行。那次，正好丈夫和我都忙于公务，顾不上送她。正在为难之际，不到 11 岁的女儿梅自告奋勇地说："我能把奶奶送到太原四老姨家。"

"什么？爸爸妈妈才带你去过一次太原，你就能把奶奶送到老姨家？"丈夫对女儿的这股勇气和胆识有些惊讶。

“我能行！”梅闪着她那双明亮的大眼睛，把头稍微一歪，蛮有信心地说。

看到信心十足的女儿，我即刻产生了一种让她锻炼锻炼的想法，就说：“既然梅说行，就让她试一试吧！”

“啊！妈妈同意了。”梅高兴地拍起手来。婆母在一旁也说：“俺梅能行，这孩子记性好，又胆大，就让她去送我吧！”看来她非常愿意和孙女一起出行。于是就决定第二天早晨由梅负责送奶奶到太原。

晚上，我和丈夫嘱咐这一老一小：路上注意安全，梅要拉着奶奶的手，别让奶奶摔倒；下了火车要找10路公共汽车，在西宫站下车，别下错了站；有事要大胆地求助乘务员或警察……

第二天一早，丈夫把这祖孙俩送上了开往太原的列车。她俩高高兴兴地上车走了，我和丈夫却有些担心。那时候家里没有电话，我心里总是惦念着婆母和女儿，但也只能等待着孩子的归来。第三天下午，女儿一个人高高兴兴地回到家里，一见到我和丈夫，就绘声绘色地给全家人讲述起了送奶奶到太原四老姨家的经过：

“那天我和奶奶走出太原火车站之后，看见路边停着一辆公共汽车，很多人正在挤着上车，说是开往河西的，奶奶说：‘你四老姨家就住在河西，咱们快上车吧。’我和奶奶就急急忙忙随着人流上了车，上车后我还张罗着给奶奶找了个座位。车行驶到五一广场站时，我发现外边的站牌上写的不是10路车。啊呀！我们坐错车啦！我就赶紧问售票员阿姨怎么办，售票员阿姨让我们立即下车，并热情地告诉我们说，到马路对面再乘坐1路车返回火车站，在出站口的右侧找10路车的站牌。我谢了阿姨下了车，拉着奶奶又返回火车站，找到了10路车的站牌，等了一会儿，10 路公共汽车来了，我和奶奶又重新坐上车，这一次终于到了西宫站。下车后，奶奶还要我领她到附近的商店去给老姨家买点礼品。于是，我又陪奶奶找到了附近的商店，待奶奶在副食品专柜上买了包饼干，我就拉着奶奶，提着饼干找到老姨家。老姨和老姨夫看见大姐来了，高兴地问：‘谁送你来的？’奶奶指着我说：‘是孙女梅送我来的。’老姨拍着我的肩膀哈哈笑起来，说：‘哟！这么大的个人就能把你奶奶送到太原来！你的本事可真是不小啊！’”

丈夫和我越听越高兴，女儿果真安全地将她奶奶送到了目的地，还经受了一次锻炼。丈夫夸奖女儿说：“我女儿有本事！”两个弟弟同时向梅投以羡慕的目光，一人拉着她的一只手嚷嚷着：“咱姐真能行哟！”

梅自从那次“护送”奶奶成功以后，自信心更强了。渐渐地，她成了爸爸妈妈的小帮手。邻居们风趣地夸奖她是个“小大人”，说她是个出色的姑娘，不仅学习好，而且还很能干。所有这些，对她以后勇于克服困难、战胜困难的品格的形成的确有很大影响。后来她当了妈妈，也像当年我们教育她那样教育孩子。她儿子顺顺 10 岁的时候，放了假就独自一人从北京坐火车回太原姥姥家。外孙在他妈妈的培养教育下自强自立，品学兼优，并以优异的成绩考取了美国一所著名的公立大学。

1984 年 4 月，丈夫离开榆次到和顺县当县长时，婆母已经是 70 多岁的人了，每年她也总会到榆次跟我和孩子们住一段日子。尽管我当时独自一人撑着一个家，工作和生活的负担都十分繁重，但我总要设法让婆母生活得舒心一些。三个孩子每个都懂得帮我干家务活，懂得尊重和孝敬奶奶。吃饭时，知道从锅里盛的第一碗饭要先端给奶奶。婆母年轻时因劳累过度落下了癫痫的毛病，一直没有治愈，有时一患病就口吐白沫，不省人事。到70多岁的时候，她又有些老年痴呆，脑子越来越不好使，但她对孙子们的关爱之心一点也没有衰减。有一次午饭之后，亮说:“今天不睡午觉了，下午两点半就得到校，3点钟要考试，怕睡过了点耽误了考试。”奶奶在一旁笑盈盈地说:“不怕，俺孩睡吧，奶奶就坐在这里给你看表，到时间奶奶会叫你的。”亮放心地午睡去了。我3点钟从外边回来，亮还在呼呼大睡。我赶快叫醒他，他一骨碌爬起来揉揉眼睛，抬头一看墙上的挂钟，已经3点过5分了，亮急得哭起来，他一边埋怨奶奶没有按时叫醒他，一边拿起书包哭着往学校跑。奶奶却仍然坐在那里笑嘻嘻地说:“我以为还没有到点，让我孩儿多睡一会儿呢!”原来，她以为才两点钟呢!

1986年秋，丈夫因工作需要从县里调到省人民政府办公厅工作。1987年夏，亮考上中国政法大学，景考上山西省实验中学，我们一家从榆次迁到了省城太原。第二年6月，我们分到了一套住房，简单收拾了一番之后，就住了进去。到8月份，我就和丈夫商量着把婆母接来同住。那时，丈夫已任省政府办公厅副主任，工作非常忙碌，经常出差下乡，早出晚归，根本顾不上照顾家和年迈的母亲。而婆母那年已经七十有六了，她的老年痴呆症也越来越严重了，脑子一会儿清楚，一会儿糊涂，有时走出家门几十米就找不回来，生活已经不能完全自理。三个孩子对他们的奶奶更加关爱了，处处精心照顾。那时景已上高中，晚上回到家，经常小心翼翼地帮奶奶洗脚，给奶奶剪手指甲、脚指甲。他奶奶的脚是在旧社会被缠过的，脚上大拇指以外的几个脚指头都折弯回来压在脚板底下，整个脚就像个三角锥，脚板底下的脚指头上经常会长出厚厚的脚指甲，走路时脚板就会被硌得疼痛难忍。奶奶的眼睛已经很不好使了，看人看物模模糊糊，做剪脚指甲这一类事就更不容易了。她说在老家常常自己一个人剪脚指甲剪得流出血来。景帮奶奶洗脚剪指甲既耐心又细心，总让奶奶感到很满意。

暑假梅、亮从北京回到家里，对奶奶更是关照入微。梅除了帮我做饭洗衣料理家务外，还帮奶奶洗脸梳头，把奶奶也料理得利利索索，精精神神。然后，梅就会把奶奶领到衣镜前，让她照照镜子，说:“看！奶奶，您是不是精神了，漂亮了?”老太太看着镜子里收拾得干净利落的自己喜笑颜开，高兴地说:“好啊！俺孩为奶奶梳理得好啊!”于是，屋子里传出一阵祖孙俩咯咯的笑声。

亮利用暑假期间勤工俭学，在一家建筑工地做泥水工。炎热的盛夏，他用自己汗水挣得的一点钱，给奶奶买点心、糖果等好吃的东西。有一天，亮下工回来，从上衣的口袋里掏出一张崭新的 10 元人民币，递给奶奶说:“奶奶，这是我自己挣的钱，这张新票票是我送给奶奶的。”老太太虽然已经不会花钱，但她知道这是孙子给她的钱，乐呵呵地伸出她那颤抖的手，接过那张崭新的钞票，哆哆嗦嗦地掀开自己衣襟里边的口袋，把新票票小心翼翼地塞进口袋里，高兴地拍着口袋哈哈笑，连声说:“好，好，好！俺孙子也能挣钱了。”

奶奶的眼睛有毛病，每天晚上临睡前，孩子们都要给奶奶滴眼药水，为奶奶准备好便盆，盖好被子，然后再离开。丈夫回到家中，看到孩子们对他母亲如此孝敬，体贴入微，他看在眼里，喜在心里，自然感到高兴和欣慰。

天气渐渐变凉了，我赶忙抽休息时间为婆母置买衣服。那时候，像婆母这样老太太的衣服在市场上是很难买到的。我就想买了衣料亲自为她缝制。我到解放大楼为她选购好了褂子和裤子的衣料，可婆母要穿的是那种旧式的带大襟的、自己结扣的老式上衣，这样的上衣我从来没有做过。大概只有像我母亲和婆母那一辈的家庭妇女才会自己用手工缝制。怎么办呢？我四处打听，终于借到了同事老王的老母亲的一件上衣。我先把它用旧报纸脱下样子来，经过仔细修改后，再照纸样在布料上画出衣样来，然后将衣料裁剪好。星期天休息时，我先用手工把裁剪好的衣料片粗略地缝在一起，让婆母试试大小肥瘦，试合身后，再用缝纫机缝制，费了好大功夫，终于为婆母做了一件合身的新褂子。纽扣是我求同事 70 岁的老母亲帮我结的。我为婆母做新衣服的时候，婆母就像小孩子似的，笑嘻嘻地坐在我身边，看着我为她一针一线缝制新衣。我发现婆母是那样的快乐，那样的开心。丈夫看到我不辞辛劳、尽心竭力为他母亲缝制新衣，当着孩子们的面夸奖说:“你们的妈妈可真称得上是个能工巧匠了!”事后我觉得自己也不简单，因为这是我平生第一次缝制这样的老太太衣服，也是唯一的一次。而我的所作所为能换来婆母那样的快乐和开心，换来丈夫发自内心的赞赏，我心里别提多高兴了！我还为婆母做了一条黑色带隐条的裤子。做裤子的活儿，对我来说，还算不上太费事，因为那个时候，为了省钱，全家五口人的裤子差不多都是由我亲手用缝纫机缝制的。这次，婆母的一身既得体又合身的新衣服做好了，老太太别提多高兴啦！她穿上新衣对着镜子照了又照，在屋子里走来走去，布满皱纹的脸上都乐得开了花，眼睛里还闪着亮光，嘴里还不停地念叨着:“在你们这儿,我真开心啊!”看着老人家那股高兴劲儿,一种发自内心的满足感充溢了我的周身。

因为那时太原市 11 月 15 日才能供上暖气，老人又害怕冷，所以要回老家的热炕上去过冬。丈夫联系好了到平遥的一辆轿车，顺便把老人送到平遥城里的三弟家。临走的那天下午，她早早就把我为她做的那身新衣服穿起来，等候车子来接她。那天车来得有点晚，她不停地抱怨说：“这么晚了车还不来，等天黑了回去，人家还能看见我穿的新衣服吗？”婆母那孩子般的模样，一下子把我逗笑了。我拉着她的衣袖笑着说：“妈，不用急，天还早着呢！人家会看得到你的新衣裳的。”那天送走她以后，我就想：婆母就是老了，性格也变了。难怪人说“老小孩”呢！原来人老了，心理状态就变得像小孩子一样了。想当年，婆母50来岁的时候，她纺棉织布干起活儿来精干利索。她有胆识，危急之时敢于知难而上。记得那年秋天，她的二儿媳在她自己家的炕上发现了一条盘着的蛇，当下吓得她尖叫一声，抱着脑袋跑了出来。婆母听见，马上拿了把大铁锹进去，她十分镇定地用铁锹慢慢地将那条盘着的蛇凑在锹头上，嘴里还不停地念叨着“保佑平安，请蛇神老人家走吧”之类的“咒语”，就这样，她勇敢地将那条蛇送回院门外的草丛中去，显示出一个母亲的博大胸怀和胆量。可是现在，婆母确实老了，是该需要孩子们关照、呵护的时候了。但是，令我万万没有想到的是，这次竟是和她老人家的最后一别。

1988年12月19日下午，我突然接到三弟的电话，说婆母从昨天不省人事，到现在还没有醒来。一听这消息，我心里就有一种不祥的预感。恰逢此时丈夫又去了香港学习考察，半个月以后才能回来。那时香港还没有回归，还属英国统治，所以到香港就如同出国。当时我们国内的通信设备还不发达，所以和丈夫就联系不上。两个大孩子又都在北京上大学，家里只有我和景。这可怎么办呢？我当即向单位领导请了假，并在单位的财务部门借了点钱（因为那时我们家根本没有存款，家里仅有的一点钱全让丈夫出门带走了)，安顿好景，第二天一早，我就乘太原到阳曲的那趟火车回到了平遥。

当我回到平遥范村时，婆母已经撒手人世，她静静地躺在那里。我不由得趴在婆母身边放声大哭起来，二弟、三弟在一旁泪流满面。傍晚，我和弟妹妯娌们一起，含着眼泪把婆母的遗体小心翼翼、妥妥帖帖地安放在很早以前就准备好的棺木里……

在和兄弟们商量好了婆母殡葬的有关事宜后，我返回太原安排了一下景这几天的生活，嘱咐他到出殡时回去为奶奶送葬，又进城托人到县粮食局购买回一些大米（当时粮食尚属统购统销）供办丧事用。在严寒的冬日里，我怀着悲痛的心情一个人来回奔波。当时我是这样想的：丈夫不能回来送他母亲，我必须替他为母亲尽到最后这份孝心，不管遇到什么难题，我都会和两个兄弟商商量量把婆母的丧事办理好。婆母的遗产我一点也不要，丧葬的费用我尽量多付。按照老家的风俗，婆母的灵柩停了 9 天。由于过度紧张劳累，到最后那两天，我病倒了。先是喉咙红肿疼痛得说不出话来，后是发烧。幸好那些天我住在本村表弟春万家里，他媳妇秀兰照顾得我很周到，早晨还给我冲鸡蛋茶喝，后又在村里卫生站服了药、打了针，病情才得到缓解。所以我对春万夫妇总怀有一种感激之情。出殡的前一天，景从太原回到老家平遥范村代表他的哥哥姐姐为奶奶送葬。出殡那天，我强打精神挣扎着爬起来送别婆母，并跟弟妹们商量着比较圆满地做好婆母丧事的一切收尾工作。事后听到村里邻居们夸奖说："人家凤英这个人拿得起，放得下，宽宏大量，真够个女人啦！人家那小儿子对人也是彬彬有礼，是个君子！"

12 月 31 日晚，丈夫从香港回到太原，我和省政府办公厅的同志一起到机场去接他。之前，善解人意的景就和我商量好，爸爸回来一定很累，第一天先不告诉他奶奶去世的消息，让他好好休息休息，等第二天选择适当的时机再慢慢告诉他，尽量减缓这突如其来的不幸消息对他的打击。

第二天就是1989年元旦，景、丈夫和我都休息在家。我照例早早起来准备好早餐，我和景决定委婉地将这一不幸的消息告诉丈夫。早饭后，我在厨房收拾，景像大人似的又是陪爸爸到卧室聊天，又是为爸爸削苹果。丈夫说到要回老家去看他母亲时，机智的景接上爸爸的话茬说："奶奶老了，两个月前在咱家时，常常就糊里糊涂。人嘛，总是要老的，有一天还会离开人世，这是自然规律，是由不得人的。"又说："假如有一天奶奶真的不行了，我看爸爸也不必过分悲痛，不能影响自己的身体和工作。爸爸，你说对吧！"

等我收拾完回到卧室，丈夫对我说："今天景是怎么啦？给我讲起生老病死的道理来了，这些道理小孩子能理解多少？莫非咱妈有什么事吗？"

就这样，我们娘儿俩一步一步地将婆母去世前后的情况详细地讲述给了丈夫。丈夫听着听着，不由得潸然泪下，景在一旁一会儿用手绢为爸爸擦淌在脸上的泪水，一会儿又为爸爸端茶递水。最后丈夫擦了擦眼泪说了一句："我十分感激你们娘儿俩，你们替我为我母亲送了终。"

他当即决定第二天就回老家去祭奠母亲。

我深深怀念可亲可敬的婆母，她老人家的高风亮节滋养了儿孙后代，家风传承，源远流长。

故事14

珍贵的银婚礼物

1986年秋，丈夫从和顺县调回省政府办公厅工作。1987年夏天，我也从榆次调到山西省轻工业供销公司工作，接着，我们就举家迁往了省城太原。那年12月1日，丈夫和我结婚就满25年了。恰逢那几天，太原下了一场多年不遇的大雪，一些树枝都被厚厚的积雪压折了，天气异常寒冷。这是我们家搬到太原的第一个冬天，当时我们还没有分到住房，临时住在省政府办公大楼旁边的一个拐角楼上。房子狭小简陋，我们只能在楼道放个蜂窝煤炉子，凑合着做饭，有一次炉子上的水壶都被人偷走了。就这，我心里也觉得很满足，因为我们一家人毕竟又团聚了，两个大孩子梅和亮都已相继考入了重点大学，小儿子景也考入了山西省实验中学高中。

12月1日那天早晨，丈夫问我："你知道今天是什么日子？"

"还用问吗？今天是你我结婚25周年纪念日，你瞧，我们已经是银婚了。"我看了他一眼，笑了笑，颇有三分得意地回答。

"我们今天怎么纪念一下呢？是不是可以到公园逛逛？今天是星期天，正好咱俩都休息。"

"好！咱们还是到迎泽公园去，找一找当年的那种感觉。"

吃罢早饭，我俩徒步到了迎泽公园。公园里的湖面上、树上、草丛中，到处是一片白雪皑皑，游人寥寥无几，只见一些小孩子在雪地上打雪仗。我俩手拉着手，踏着白皑皑的积雪，漫步在湖边的人行道上。25 年前，他在山西大学读书，我参加了工作，当乡村小学教师。记得 1962 年 12 月 1 日那天，我们在太原市南城区人民委员会办理了结婚登记手续之后，来到了迎泽公园，并肩漫步在迎泽湖边。在湖边的一个空着的长椅凳上，我们坐下来亲切交谈。记得他当时紧紧地握住我的手说：“从今天起，你就成为我亲爱的妻子、终身的伴侣了，让我们携手并进，共同创造美好的未来吧！”我看着他那双深情的眼睛，默默地点了点头，羞怯地将自己的手从他的手中抽出来。他的手是那样温暖，他的心是那样火热。那是因为我们周身有一股幸福的暖流在涌动。那天地上也有积雪，只不过没有现在这么厚，没有现在这么夯实。

我们快走到公园门口时，看到路的两边有几棵高大的雪松，它的枝和叶上压着厚厚的积雪，但依然是那样挺拔，树梢依然露出矫健、油绿的针叶，更让人感到它的飒爽英姿。我俩站在雪松旁边照了一张合影，作为我们银婚的纪念照，愿我们的爱情之树能像苍松翠柏那样永久常青。

下午回到家，我迫不及待地打开了来自北京的那份银婚礼物，那是一盘用红绸裹着的录音磁带，上面工工整整地写着“献给爸爸妈妈的银婚礼物”。我把磁带装进收录机，按下播音键，一个亲切、甜嫩而又熟悉的声音传了出来，那是在北京大学就读的女儿的声音：

女儿梅献给爸爸妈妈的银婚礼物：

25 年前的今天，两个正直、善良、相亲相爱的人结合了。25 年后的今天，他们已经是三个孩子的父母。在这 25 年中，有多少艰难困苦，又有多少悲欢离合，妈妈吃了多少苦，又有多少泪水往肚里咽啊！爸爸远在东北，不能享受天伦之乐，也多么不容易啊！然而，爸爸妈妈绝不是那种只顾工作不顾孩子的人。他们认为只顾工作不顾孩子的父母，不是合格的父母。孩子生病的时候，爸爸妈妈心急如焚。爸爸连夜冒雨求医，妈妈到处奔波讨药。从日常生活的衣食住行，到思想品德和学习进步，孩子们的健康成长，哪一点没有爸爸妈妈的心血和汗水！

我们小的时候，父母对我们要求比较严格，我们也挨过父母的惩处和打骂。这种严格要求，使我们克服了不良习气，培养了吃苦耐劳的品格，使我们能够适应各种艰苦环境。现在，我们远离家乡，远离父母，许多同学因不适应新的生活而苦恼，影响了学习，而我们压根儿就不存在这些问题。

身教胜于言教，爸爸妈妈就是我们最好的老师。爸爸工作勤勤恳恳，任劳任怨。妈妈兢兢业业，而又大胆泼辣。在我们幼小的心灵里，就埋下了事业心的种子。爸爸珍惜时间，从不浪费一分一秒，在旅途的车厢里还看书学习。妈妈上进好学，40 岁上还上函授大学。许多年轻人都半途而废了，而妈妈坚持了下来，并取得了好的成绩。在家里，爸爸妈妈互敬互爱，互谅互让。家务活儿抢着干，好吃的让着吃。这些无形中培养了我们对他人的尊敬和自尊。今天，爸爸妈妈不仅在事业上取得了可观的成绩，而且培养出了三个孩子——两个大学生和一个未来的大学生。工作的重担，家庭的操劳，给妈妈的两鬓增添了根根白发，爸爸浓密的黑发也变得稀疏了。为了事业，为了家庭，爸爸妈妈个人的付出是重大的。然而，我相信爸爸妈妈是幸福的。当他们看到自己事业的成功，看到他们自己的杰作——三个可爱的孩子时，我敢说，爸爸妈妈一定会觉得自己是世界上最富有的人。

1987 年 12 月 1 日，爸爸妈妈的银婚纪念日，20 岁的女儿衷心祝愿爸爸妈妈健康长寿，白头到老！待到爸爸妈妈的金婚之日，一个更加成熟的女儿——爸爸妈妈的作品，将会献上新的祝愿！

接着听到的是今年上了中国政法大学、刚满 18 岁的儿子那激动而充满深情的祝词：

儿亮祝贺爸爸妈妈银婚快乐！

亲爱的爸爸，亲爱的妈妈：25 年前的今天，爸爸妈妈开始了你们艰苦创业的生活。25 年来，你们在工作上兢兢业业，一丝不苟，在自己所在的岗位做出了很大的成绩，赢得了群众的拥戴。在家里，你们总是和睦相处，互相体谅，互相帮助。同时，你们也以自己的言传身教把这些美德传给了你们的孩子，教会他们如何做人，怎样成才。对待父母，你们是那样孝敬，尽到了你们该尽的每一份责任。对待亲戚朋友和同事，你们温良恭俭让，并且还尽最大努力帮助他们。为此，儿向爸爸妈妈表示崇高的敬意。

爸爸妈妈，你们 25 年前结合的时候，爸爸还在上大学，妈妈当教师，开始一个月只挣 34 元，还要孝敬父母，帮助他人。那时，你们的生活是十分艰苦的。爸爸大学毕业后，被分配到远在千里之外的辽宁工作，妈妈却还在农村学校教书，过着艰难困苦的日子。两年后，姐姐出世了，爸爸不在家，妈妈肩上的担子更重了，但妈妈没有丝毫的怨言，一个人默默地挑起了全家的担子，支持着爸爸的事业。后来爸爸调回本地，但咱家的孩子由两个变成了三个。过了几年，爸爸又调到了晋中地区（榆次）工作。妈妈天天除了辛勤工作，还要照料我们姐弟仨。要把三个孩子都教育好，绝非一件容易的事。不仅要尽力照顾好我们的生活，还要教育我们立志、做人。为此，妈妈付出了莫大的辛劳。孩子们幼小的时候是无知的，特别是我，是很顽皮的。这么多年来，妈妈为我付出了多少心血，有过多少次喜怒哀乐，尝过多少次酸甜苦辣啊！但你们还是乐观地奋斗着，因为你们的心中有着崇高的理想和坚定的信念。一晃又是十余载，三个孩子都已长大了，爸爸妈妈也人到中年。你们的脸上有了皱纹，妈妈的头上有了白发，但你们仍然像年轻人一样忘我地工作着，取得了令人欣慰的成绩。三个孩子好学上进，成绩突出，道德品质优良，身体健康。这些都归功于你们——亲爱的爸爸，亲爱的妈妈。在别人的心中，爸爸妈妈是可敬的、可信的。在我们三个孩子的心中，爸爸妈妈则是神圣的、伟大的。爸爸妈妈：在这喜庆的日子里，请收下孩儿的祝福，祝你们身体健康，生活愉快，万事如意！同时，请你们从心里露出成功的微笑吧！

最后是姐弟俩合唱的一首歌《我爱你，亲爱的妈妈》。

听着两个孩子动人心弦、感人肺腑的祝词，一种难以言状的复杂情感在我心中涌动起来。我不由得热泪盈眶，情不自禁地抚住了丈夫的手臂。丈夫也感慨万千，无比激动。是兴奋，是欣慰，是自豪，是几种感情的交织与叠加！此时此刻，我第一次真正感受到了做母亲的价值。

两个孩子的祝词勾起了我对往事的回忆。25 年前，刚刚和丈夫结婚的我，还不满 20 岁。丈夫大学毕业后被分配到了东北工作，我却还在家乡农村教书。影片《山村女教师》中的女主人公就是我奋斗的目标。“文化大革命”的狂风袭来，一夜间，我成了“黑五类”。“优秀教师”的称号不明不白地给抹掉了，接踵而来的是种种欺凌与磨难。1967 年 8 月 29 日，女儿降生了，丈夫还是远在数千里之外，生活中的艰辛是可想而知的……有一次，孩子高烧到 40℃，吃药打针都不奏效，我独身一人，心急火燎地要带孩子去看病，我们的那个领导不但不设法帮助，反而硬要我晚上去参加“斗私批修”会。为了孩子，一向谨慎从事的我噙着眼泪愤然离去。孩子是祖国的未来，不管怎样我也得照顾孩子。结果他们责令我停职检查。这是我在那个时代遭受磨难的一个缩影。好在为了孩子，为了这个家，我咬着牙坚持了下来，走过了那段不堪回首的艰难岁月。

那场内乱过去了，党的十一届三中全会的春风吹遍了祖国大地，我的生活之路也像我们祖国的命运一样，越来越明媚。我们夫妻团圆了，错划的阶级成分纠正了，我加入了中国共产党，并读完了函授大学。三个孩子相继考上了重点大学和重点高中，丈夫也被提拔到了领导岗位上。几年来，我坚持刻苦自学，事业上不断进取，取得了一个又一个的成绩和荣誉。孩子们风趣地说：“妈妈真是硕果累累，喜讯盈门啊！”

听完了两个孩子的祝词，丈夫一边用手帕为我擦着脸颊上的泪水，一边微笑着说：“我们应该高兴才对呀！我们的儿子不是说请我们从心底露出成功的微笑吗？”我点了点头，破涕为笑，一股幸福的暖流传遍了我的周身。是啊！孩子们是跟随着父母在艰难困苦中成长起来的。他们从小就懂得爱，他们爱父母，爱兄弟姐妹，爱国家，爱人民；他们懂得感恩，他们知道感恩父母，感恩师长，感恩社会，感恩国家；他们懂得艰苦奋斗，从小就养成了吃苦耐劳、勇于克服困难的好品质；他们懂得自力更生、自强自立，他们不依赖父母，不依赖他人，靠自己勤劳的双手和智慧的头脑创造着未来；他们还懂得珍惜，他们珍惜财物，勤俭节约，珍惜时光，积极向上，珍惜劳动成果；他们热爱生活，朝气蓬勃，满怀理想和希望；他们正直善良，乐于助人，乐于奉献。总之，他们不仅学习成绩优秀，还有着纯真美好的心灵。这份珍贵礼物，就是他们和父母心灵的沟通，是对父母的深刻理解，是对父母的真诚感恩。这一切，丈夫和我又怎么能不为之而感动和骄傲呢！

1988 年春节，在北京上学的两个孩子放寒假回来，我问及此事："你们怎么就想起了为爸爸妈妈祝贺银婚，又是怎么别出心裁地为爸爸妈妈制作银婚礼物的呢？"

原来，孩子们早就从我和丈夫的闲聊中了解到，1962 年 12 月 1 日是爸爸和妈妈组建我们这个家庭的日子。后来他们长大了，懂事了，意识到这是一个不平凡的日子。1987 年 11 月下旬的一个星期天，亮来到北大看望姐姐，姐姐告诉他："再过一周就是 12 月 1 日，是爸爸妈妈结婚 25 周年纪念日，咱们为他们准备一份礼物表示祝贺，表达一下咱们的感情吧！"亮说："好！我也正想这件事呢！"但是送什么礼物好，用什么形式表达，姐弟俩还是动了一番脑筋的。他们思来想去：给爸爸妈妈买件像样的礼品吧，自己没有钱。咱们花的还都是爸爸妈妈的钱，还有啥法子呢？梅说："咱们给爸爸妈妈说一说咱们的心里话，对他们表示衷心的祝贺，把它制作成一盘录音磁带给他们捎回去，如何？"

“好！爸爸妈妈听到咱们的声音，肯定会非常高兴的！”姐弟俩异口同声，一拍即合。于是他们商定了就用此种形式来表达对爸爸妈妈银婚的祝贺。

为了制作录音磁带，姐弟俩在北大的“五四”教室里，满怀深情地把自己要向爸爸妈妈说的话写成书面稿，然后对着梅平时学习用的那个小收录机，就像对爸爸妈妈说话那样，大声地把自己书面稿上写的话念给爸爸妈妈听，录音磁带记录下了他们俩对父母真挚而又充满激情的祝福。完成之后，姐弟俩又放开录音听了一遍，他俩都觉得很满意。于是，他们就小心翼翼地将它用红绸裹起来，在上面工工整整地写下：“献给爸爸妈妈的银婚礼物。”然后他们将这份珍贵的礼物亲自送到那几天正在北京开会的爸爸手里，并告诉爸爸，一定要等到 12 月 1 日那天，才能把它打开。

何等珍贵的银婚礼物！这盘小小的录音磁带，是孩子们用他们的心制作出来的啊！我们把这份珍贵的礼物珍藏了起来。

光阴似箭，日月如梭。如今，又过去了 20 多年，丈夫和我的金婚也即将到来。这件珍贵的银婚礼物我们却还珍藏着。为了怕时间长了磁带变质失效，我翻录过好几次。一些亲友、同事也听过，有的人还专门让他们的孩子听，以此来教育他们的孩子。孙辈们渐渐长大了，懂事了，我们还要让他们听。凡是听过这盘录音磁带的人都无不为之感动，并十分羡慕我们能有这样的好孩子。1989 年我写的题为《写在银婚日》的散文在《山西日报》上发表，并获得了“黄河文学奖”二等奖。1990 年我写的题为《由孩子们的礼物想到的》作为“怎样做个好妈妈”专题征文在《中国妇女报》上发表。

这份珍贵的礼物——孩子们对父母真挚的感情和真诚的爱，将永远珍藏我们的心底。

故事 15

爸爸妈妈的孩子都是好样的

在孩子的成长过程中，家庭教育具有独特的效能，它起着其他教育无法代替的作用。正如一位特级教师所说:“家庭给孩子的是质地与本色。”可以说良好的家风家教是孩子成长的原动力。孩子上学以后，学校老师对孩子的培养教育起着主导作用，但家庭教育依然对孩子的成长有着重大影响。家长积极配合学校老师，家庭教育与学校教育密切结合起来，是孩子健康成长的保证。孩子们上学以后，我们积极配合学校老师对孩子进行教育，取得了比较满意的效果。我的三个孩子当年在榆次一中上学时，老师们风趣地称我为“模范家长”，他们也都成了我的好朋友。

家的温馨（1994 年）

促儿奋进

两个儿子小的时候，总是相离不得又相见不得，兄弟俩在一起常常是床上地下戏耍打闹，就像孙悟空大闹天宫一样，弄得家里不得安宁。兄弟俩用自己积攒的压岁钱，悄悄买了一副斗兽棋，两人一开始还笑嘻嘻地坐在那里摆开棋盘下棋，可是一会儿就争吵起来，互不相让，甚至大打出手，最后不欢而散。小的时候亮不懂得谦让弟弟，常常把弟弟弄得哭起来，为此经常受到大人的责备。亮这孩子自幼聪明，活泼开朗，记忆能力和表达能力都很强，而且坚强勇敢，适应能力也很强。记得他 10 岁那年，不小心摔伤了腿，把膝盖上的皮肉磕开个大口子，血流不止，里面的骨头都露出来了，丈夫赶快用自行车将他带到医院，急诊室的医生为他缝合伤口、上药、包扎，连麻药也没有打，但他没有哭一声，也没掉一滴泪，配合医生做完了治疗，医生夸他是个坚强的“小男子汉”。但他贪玩、淘气、爱惹是非，总让我有操不完的心。读小学时，老师说他脑瓜子好使，虽然不怎么用功，但学习成绩还不错。上了初中以后，一开始班主任毕老师对学生们抓得很紧，要求也很严，亮还比较努力。可是不久，毕老师不幸病逝，他们这个班隔不多久就换一个班主任，缺乏连续性教育，最后成为年级的一个乱班。而初中阶段是孩子成长的一个关键时期。亮年龄小，自控能力比较差，这样的环境，对他的成长极为不利。我见他总是不能把精力用到学习上，心中十分焦急，为他担忧。为此，我找了许多诸如《少年儿童心理学》《孩子成才的学问》等有关教育孩子方面的书籍和资料学习，并向晋中教师进修学校的教育专家、老教师求教，研究和寻求能教育好儿子的办法。我经常找老师联系，了解儿子的情况，配合老师施以教育。

在他上晚自习的时候，我还常常拖着疲惫的身子，一个人跑到他们学校里，悄悄地站在他们班的教室外面，了解他的学习情况。

那个时期，我除了上班，几乎把所有的精力都倾注在了孩子们的身上。在教育孩子的过程中，我也曾因心情急躁，斥责甚至打骂过他们，也曾有过一些挫折和败笔。好在孩子们渐渐长大了，懂事了，慢慢地他们都理解了妈妈的一片苦心。

1984年秋季开学，亮上了榆次一中高95班，这是一个重点班。班主任老师郝老师，和顺县人，是个有很强的事业心、责任心的优秀教师。他对学生有一种纯朴、宽厚、博大的爱，对亮的要求比较严格。刚上高一的时候，亮的学习劲头还算足，可是过了一段时间，那股新鲜劲儿过去了，他就又开始贪玩，放松了学习。我十分忧虑，就和郝老师商量，想方设法激发他的上进心，给他适当施加点压力，促他奋起，响鼓还需重锤擂呢！

一天，亮放学回到家后，垂头丧气，情绪低落，我便问他是怎么回事，他耷拉着脑袋无精打采地告诉我说："今天晚上我和同学爬到教室的房檐下掏麻雀，误了上晚自习，被查自习的谢校长抓了个正着。晚自习后，郝老师把我叫到办公室，严厉地批评了我，说'明天你就不要来上课了'。"

我心里清楚郝老师的良苦用心，他是在想法子用重锤擂他这个调皮的学生，想使他尽快改掉那种贪玩、管不住自己的毛病，奋发向上。

"那你准备怎么办？"我问。

他站在那里半天不吭声。我看得出此时他心里的确很难过，就故意试探着跟他说："你进95班，妈妈费了很大劲，郝老师帮了忙，这些你是知道的。事到如今，我也没有别的办法，我看你只能回平遥老家你爷爷奶奶那里，看看能不能到平遥卜宜乡的那个乡办中学插班学习。”

“不，我不回去！”他说，“我还要在95班。”

我沉思着，一副为他想办法的样子。他那双明亮的大眼睛一直在注视着我，希望妈妈这次能为他想出个好法儿。我问他：“孩子，你究竟有没有改掉自己的坏毛病、发奋努力的决心？”

“有！”他回答得十分坚定。

我看他有信心有决心，就说：“你看这样好不好，妈妈陪你到郝老师那里去一趟，你跟郝老师把你内心的想法和今后的态度实实在在说一说，表明你今后的态度和决心，然后妈妈再为你求求情，争取让郝老师把你留下。”

“好，谢谢妈妈，我以后一定要努力学习！”他立马说。因为他好像觉得有了些希望。

晚上，我们母子俩骑着自行车找到郝老师家。亮诚恳地向郝老师当面作了检讨，说自己辜负了老师的期望，并表示从今以后要好好学习，请郝老师给他一次机会。我也恳求老师把他留下来，对自己的儿子给老师添了许多麻烦，让老师费了许多心表示歉意。最后，郝老师终于答应把他留下，但严肃地指出了他的缺点以及发展下去对他的严重危害，并给他提出了几点具体要求。当即，亮就表示诚恳接受郝老师的意见，并由衷地感谢郝老师对他的教导和帮助。最后，郝老师把我们送出家门，说了一句：“王亮应该是个有脑子的孩子，有志者事竟成啊！”

从郝老师家出来，亮的心情好多了，脸上也露出了笑容。母子俩在回家的路上边走边聊。我说：“儿啊，妈妈为了你给人家说过多少次好话，这次又央求郝老师把你留下来，你看妈妈多难啊！你从今以后可得长志气啊！”他把攥得紧紧的拳头使劲挥了一下说：“妈妈，你看着吧，我今后一定要长志气，一定要努力学习，我要让妈妈为我自豪!”

“好，妈妈相信你一定能!”我看着他的眼睛鼓励他说。此时，他的脸上和眼睛里也仿佛放出了亮光。

母亲的信任是一种力量，从此以后，亮一改过去贪玩、学习疲沓的习气，开始按郝老师的要求去做，各方面都有了比较明显的进步。

丈夫在太行山区的和顺县工作，由于工作十分繁忙，加之当时交通不便，平时他很少能回家。但他总是在牵挂着孩子们的成长，常在工作之余给他们写信，循循善诱，谆谆嘱咐，给孩子们讲解做人、治学的道理，鼓励孩子们努力学习，立志成才。那时家里没有电话，也只能写信。

记得1985年春节，大年三十上午丈夫才回到家中，下午就接到县里的电话，说王省长春节期间要来太行山区看望老区人民，正月初二到和顺县。作为一县之长的他，在这之前务必得赶回县里。这不，丈夫大年初一就得返回工作岗位。待到工作圆满结束之后，正月初三下午，丈夫才又匆匆赶回家来与我和孩子们团聚了两天。那天晚上，我们一家五口人欢聚在一起，敞开心扉，畅谈各自学习和工作上的收获与体会，对生活的感受以及今后的新目标、新打算。重点是三个孩子。梅讲述了她自己的学习体会和奋斗目标，她的两个弟弟侧耳细听，接着讲了他们自己的进步、收获和新打算。丈夫讲述他在工作岗位上尽职尽责，改革创新，推动和顺县的经济社会发展的情况。尤其是他用自己的亲身经历和体验，教导孩子们怎样正派做人，实在做事，脚踏实地学习真知，靠自己的勤奋努力，将来为祖国、为人民、为社会做点儿事，自己也才能有美好的前程。他希望孩子们自强、自立，自尊、自爱，树立远大理想，立志成才，用自己的智慧和勤劳的双手，创造自己美好的未来。我给他们讲要流自己的汗，吃自己的饭，一切全靠自己，才算好样的。三个孩子听得津津有味，三双明亮的大眼睛闪耀着光芒。一家人推心置腹地交谈使孩子们很受感染，特别是亮，他感到自己过去太贪玩，没有把精力集中在学习上，落下了功课，必须奋起直追。他觉得爸爸妈妈的言传身教使他懂得了许多道理。

那天晚上，他在爸爸上次用毛笔写给他的那封信的背面写下了这样的文字："难忘今日，1985 年 2 月 22 日（正月初三），我发誓：我将真正做爸爸的好儿子！"

学有榜样

1985 年 9 月开学不久，有一天，两个儿子中午放学回到家。亮兴冲冲地对我说："妈妈，今天我们学校开大会了，谢校长在讲到学校本年度的工作成绩时说，我们学校今年高考取得了好成绩。其中说到高 82 班王梅同学考取了北京大学，英语得了满分，为我校争得了荣誉，还光荣地加入了中国共产党。还说，王梅同学就是高 95 班王亮同学的姐姐。"

"当谢校长讲到'王亮同学的姐姐'时，周围的同学都以羡慕的目光看着我，有的人竖起大拇指说：'你姐真棒！'这时，一股莫大的自豪感在我的身上涌动，这是我从来没有过的一种感觉。"亮兴致勃勃地继续给我讲着。

景也争着告诉我说："我们班主任陈老师也在班上讲了，今天谢校长在大会上讲的考取北大、英语得了满分的那个王梅同学，就是咱们班王景同学的姐姐，同学们也都很羡慕我，有一个这么棒的姐姐，我感到脸上特别光彩，心里别提有多高兴啦！"

两个儿子为他们的姐姐所取得的成绩而感到无比的骄傲和自

豪，他们为之振奋。他们深深地被姐姐以优异的成绩考取北大，谢校长在全校师生大会上表扬这件事儿触动了。如果说前几年我刻苦自学对孩子们有一定身教作用的话，那么，今天的梅确实为她的两个弟弟树立了鲜活的榜样，对他们影响极大，榜样的力量是无穷的，特别是身边的榜样。

中午，娘儿仨吃饭的时候，还在继续围绕着这个话题谈论着。我乘机激励两个儿子，特别是亮。

我说："两年以后就该亮高考、景中考了，姐姐走在了前头，以后就看你们俩的了。"

"妈妈，你看着吧！两年后，我也要考上重点大学。"亮很自信地说。

"我也要努力，考上重点高中。"景接着说。他俩满怀激情，表示一定要追赶姐姐，向姐姐学习。

"有志者事竟成，只要立志，为实现自己的目标不懈地努力奋斗，就能成功。你们姐弟都是好样的。只要你们奋发努力，就一定能够实现自己的理想和目标。爸爸妈妈还有姐姐都会尽力帮助你们，支持你们，为你们鼓气加油，做好你们的后盾。到时候，你们也会成为爸爸妈妈的骄傲的。"我亲切地摸了摸兄弟俩的脑袋，微笑着鼓励他们说。

兄弟俩对自己的未来都充满了信心。这一顿中午饭，虽然是极普通的家常饭菜，但是我们娘儿仨吃得可有滋味啦！

1986 年暑假，梅回来了。恰逢我们过去邻居的孩子刘瑾在那年考取了中国人民大学。得知这一消息后，梅和我商量说："妈妈，咱们和亮一起去看望一下刘谨吧，一则为他祝贺，二则激励咱亮再加油，你看如何？"

"好主意啊！"我欣然同意。

于是，我们拿了点礼品，母子三人到刘谨家里为他祝贺。我们的到来，刘谨和他的爸爸妈妈可高兴啦！刘谨的妈妈是我在聋哑学校工作时的同事。我们对刘谨以出色的成绩考取了中国人民大学表示由衷的赞赏和祝贺。亮对刘谨投以羡慕的目光，他往刘谨的胳膊上撞了一拳，又眨了眨眼睛，以无比敬佩的口吻说：“刘谨，你好棒啊！”

刘谨的爸爸高兴地说：“人们说咱聋哑学校宿舍区风水好，去年梅考取了北大，今年刘谨考取了人大，明年就看亮的啦！”他回过头来笑着对亮说：“亮，一棵树上结满了丰硕的果子，如果你努力跳一下就能摘到这些果子，如果不使劲跳就摘不上，你说对不对呀？”

老刘幽默风趣而富有哲理的话，激励了亮。

“刘叔叔说得对，我一定努力，争取明年摘到这些果子！”亮对老刘说。

“好！”大家高兴得鼓起掌来。

我们为他人送去衷心的祝福，分享了他人成功的喜悦，对自己的孩子也起到了良好的激励作用。亮从刘谨家回来以后，学习的劲头更足了，常常读书到深夜。儿子在为实现自己的目标而努力的途中又前进了一步，做母亲的该有多高兴啊！此乃“送人玫瑰，手有余香”！

自励互勉

1985年9月份开学，梅上了北京大学。10月下旬，丈夫要到北京去出差，我也很想一起去看望一下离别一个多月的女儿。这次她到北京上学是第一次离家，走的时候，我们也没有送她。我非常想念她，晚上做梦常常梦见她，有时甚至眼前还出现幻觉，仿佛看见了她的身影。于是，我请了几天假，带了景一起到北京。亮上高二，这次把他一个人留在家，他要坚持每天上学，自己管理自己，还要负责照看好家。当时景刚上初二，功课还不算紧，他们的班主任陈老师准了他一周的假，还给他布置了个任务——把到了北京的所见所闻，用日记的形式认真地记下来，回来读给班里的同学们听。那时候，他们班里的大多数孩子还都没有去过北京。

10 月 24 日上午，我们到北京大学去看望梅。景按照他姐姐来信上写的住址，一口气跑到北京大学31 号楼3 层梅的宿舍，却扑了个空。同宿舍的同学说她吃完早饭就直接到图书馆去了。我们到图书馆门口等她，快到中午了，终于等到了她。景在 1985 年10 月 24 日的日记里记下了当时的情景：

……在图书馆门口，只见学生们三人一群、五人一伙从图书馆里走了出来，还有不少外国学生。我伸长脖子向大门里面探望，在熙熙攘攘的人群中寻觅着姐姐。啊，出来了！那就是我姐姐！她还是老样子，穿着在榆次一中的那身旧校服，背着那个旧书包，戴着一副眼镜，只是脸上微微胖了一些，胸前“榆次一中”的校徽变成了“北京大学”。我连忙跑上前去，喊了声“姐姐”！她见是我，先是一怔，然后高兴而又急切地问:“妈妈呢?”“那不是!”我指着站在树下正冲着她微笑的妈妈说。“啊，妈妈!”她一下子扑进了妈妈的怀里。

姐姐给我们详细地讲述了她到北京大学 1 个多月来的情况，领我们参观了北大图书馆。北大图书馆是北京市第二大图书馆，姐姐说里面能容纳几千人呢！还领我们观赏了北大风光秀丽的未名湖，湖边耸立着一座高高的塔叫未名塔，湖光塔色相映成趣，真是漂亮极了。北大校园简直就是一个美丽的大花园。我真羡慕姐姐，我什么时候也能在这里上学呢？我在默默地想着……

这次北京之行对景来说，收获可真不小呢！不仅看望了他十分想念的姐姐，参观了北京大学——这所世界著名的、令人神往的名牌大学，为他后来求学树立了目标。而且还饱览了首都北京的一些风景名胜：参观了天安门、故宫博物院，登上了八达岭长城，游览了十三陵、定陵，游玩了北京动物园、中山公园、北海公园。用他自己的话来说，就是使他大开了眼界，增长了见识，学到了课堂上学不到的知识。同时，也受到了一次深刻而生动的爱国主义教育，原来我们伟大祖国的首都北京这么大、这么美啊！回来之后，他常常给他的哥哥以及他的小伙伴们兴致勃勃地讲述他这次北京之行的所见所闻。他在北京期间每天记日记，陈老师将他的日记给班里的同学宣读并传阅。直到 25 年以后的今天，我翻阅他当年的日记，仍觉得他写得情真意切，很有趣味，给人一种身临其境的感觉。

从北京回来以后，景学习更加主动、更加认真了。而且开始严格要求自己，有意识地锻炼自己了。他天天写日记，从小学到大学，他一直坚持。现在我还保存着他大大小小的日记本七八本呢！他的日记不仅内容丰富、生动有趣、文笔清秀，真实地记录了他成长的足迹，而且字迹工整，还配有自己画的插图，别具一格，富有创意。在一本普普通通的日记本上，他常常根据日记的内容，用彩笔在某个空白页面或页面的空角处插画一幅简单而富有寓意的图画。比如那次在北京写的日记，他在第一页上画了个圆弧形的框，里面用红笔写着“北京游记”四个大的楷体字。框的左上角是用红黄色的笔画的一个小巧玲珑的天安门城楼，框的右上角是弯弯曲曲的长城，框的右下角耸立着一个雄伟的华表，框的左下角是迎风飘扬的五星红旗。日记图文并茂，耐人寻味，一种亲和感和美感跃然纸上。他经常在日记中自我激励，自觉地向先进模范人物学习，向他姐姐以及老师、同学学习。他在1985年12月29日（星期四）的日记中这样写道：

爸爸在外地工作很忙，难得回一次家。昨天晚上11点钟，爸爸突然回来了，说是回榆次为县里办事。

一大早，爸爸就起来为我们热饭。我起来时，爸爸已经把饭热好了。我怕迟到，就狼吞虎咽地吃起来。爸爸在一旁用慈祥的目光看着我，不由得笑了。吃完了饭，爸爸见我时间有些紧张，就要骑车送我。爸爸这么辛苦，我怎么能再烦劳他呢？我连忙说：“不用送，我跑步去是不会迟到的，况且爸爸还没有吃饭呢！”爸爸说：“哎，今天我的事不多，可以送你。”我只好默许了。

外面寒气袭人，西北风呼呼地刮着。爸爸使劲地蹬着车子，冒着寒风驮着我向学校驶去。到了中都电影院那里时，我说：“爸，别送了，我自己走吧。”“我再送你一程。”爸爸不容分说往前蹬着，一直到离榆次一中很近的那条铁道边，他才停下来，说：“过铁道一定要小心，注意安全啊！”我跨过了铁道，回头看见爸爸还站在那里看着我，北风吹动着他脖子上的那条围巾，爸爸向我招手，大声喊：“走好！”我望着爸爸那慈祥的面孔，眼睛不由得湿润了，挥挥手说：“爸爸，回去吧！”

“多好的爸爸啊！爸爸……”我在心里默默地念叨着。

晚上放学回家，妈妈说：“你姐姐来信了！”我急忙跑过去拿起信来，撕开信封，一看信封是用已经用过的废纸翻过来做成的，我奇怪地剥开信封，里面是密密麻麻的我很熟悉的姐姐的字迹。妈妈说：“看你姐姐多么俭朴，多么节约！”我当下就很有感触，一个北大生，竟是如此艰苦朴素，勤俭节约！她知道家里不宽裕，为了省钱，连一个信封都自己利用废纸做，难道她连买信封的钱也没有吗？不是的，姐姐信上说：“妈妈，不要给我寄钱了，我在银行里还存有一百多块呢！足够这学期花了。”比起姐姐来我简直太差劲了，乱花钱，不知道珍惜财物，光想买好吃的……

看！小小年纪的景，就能够如此自省、自律、自励，多么懂得情感，多么善解人意，心地又是多么善良！实际上，他从小也是比较节俭的。有时候，他还捡一些破烂卖几个钱，买自己喜欢看的小人书，他积攒的小人书有一纸箱呢！

记得那年深秋，有一天，景告诉我说：“妈妈，今天晚上7点钟，班主任陈老师说要召开家长会，要求家长必须按时参加。”我说：“好吧，妈妈一定按时参加。”下午到下班时间了，我还在单位开会，到快7点钟的时候，会才结束。这时候，天还淅淅沥沥下着小雨。我顾不得回家给孩子们做饭，匆匆忙忙赶往榆次一中去参加家长会。那次家长会开得很好，班主任陈老师还肯定了景的成绩，表扬了景的进步。但是开完会以后，已经是晚上9点多钟了。走出教室，天还在不停地下着雨，我推着自行车和儿子踏着泥泞的路回家。儿子和我都感到又冷又饿，那个时候，没有像现在的超市，附近也没有卖食品的商店，我心里又心疼又担心，孩子这么晚吃不上饭，跟着妈妈受苦了。我关切地问：“你肚子一定很饿，身上感觉冷吧？你坐在车子上，妈妈驮着你走吧。”

“不！妈妈，不用。”他的语气是那么坚定。他紧紧拉着我的手又说：“有妈妈在，我什么困难也不怕。”

在昏暗的路灯下，我看到他那张充满稚气的小脸，他那双闪闪发亮的大眼睛似乎在告诉我：“我不怕困难，我能够和妈妈同甘共苦！”此时，一股暖流倾入了我的心头。在孩子的心中，妈妈就是他的精神支柱，看到孩子进步，看到孩子赋予自己莫大的信赖，作为一个母亲，该是多么的欣慰啊！

那天晚上回到家时，已经快10点了，母子们才匆匆忙忙赶着做晚饭吃。我们母子的生活虽然清苦，但我们苦中有乐，苦中有望，苦中还滋生出一种精神和力量。

1986年春节期间，女儿梅回家过上大学以后第一个寒假。她一回到家就忙着帮我打扫家，帮弟弟们补习功课。我对她说：“这个假期，你要帮亮好好补习一下英语。他这学期其他功课都有明显的进步，就是英语学得比较吃力，期末考试成绩还是不太理想。就当妈妈请你当一回家教吧！”这样，梅就自觉地担负起了为亮补习英语的重任。姐姐循循善诱，耐心辅导，弟弟认真努力。姐弟俩经过20天的苦战，终于把上学期的英语课本从头到尾整个重新学习了一遍。这样，亮的外语赶上来了，为来年的高考打下了坚实的基础。

除夕那天，丈夫也从县里回来了。带回来好多年货，吃的、用的，还有两个儿子喜欢的鞭炮，应有尽有。三个孩子兴高采烈地围着爸爸问长问短，丈夫的心里乐开了花。大年初一早早起来，孩子们穿着新衣、戴着新帽，争先恐后地向爸爸妈妈拜年问好。两个儿子拿着鞭炮急急忙忙往外跑，一会儿，院子里就响起了噼里啪啦的鞭炮声和孩子们的欢笑声。饺子煮好了，一家人高高兴兴地坐在一起吃饺子。

景当时在他的日记中是这样写的：“妈妈把一大盘香喷喷的羊肉饺子端上了饭桌，我们姐弟三人便一一给爸爸妈妈鞠躬拜年，爸爸笑嘻嘻地说：‘愿你们姐弟三个在新的一年里好好学习，天天向上，在虎年里来股虎气，突飞猛进。’说完，又给了我们每人5块压岁钱，因为姐姐辅导了哥哥英语，又奖励了5块，因为我进步了，我得到一盒梦寐以求的彩笔……”

短短的假期团聚，一家人在一起互相帮助，互相勉励，总有说不完的话，道不完的情。还少不了在一起娱乐、玩耍，还要来个家庭联欢会。记得那次景穿上爸爸的那件深灰色的呢子大衣，戴上姐姐的眼镜，脖子上围了一条长长的围巾，站在我坐的那个椅子后面，把一只手托在我的肩膀上，俨然一副学者的模样，他拿腔作调地向大家说：“这是王景博士和他的母亲！”逗得全家人哈哈大笑起来。我高兴地拍着他的肩膀说：“妈妈期盼着那天能成为现实！”遗憾的是那时候我们还没有照相机，更没有录像机，没有能把这些美好而难忘的情景摄下来。如今，景已获得了北京大学双学士学位，并在美国获得了双硕士学位，还分别取得了中国和美国的律师资格。

亮在高中二年级的时候，各方面就已经有了比较明显的进步。他学习刻苦勤奋，常常挑灯夜读到十一二点。学习成绩大幅度提高，期中考试，他的成绩从班里的二十多名上升到前十名。梅经常写信勉励他，引导他，教他如何学习，如何对待困难。一次她在给亮的信中说：“亲爱的弟弟：看到你的进步很大，决心很大，我也为之振奋，你真正用起功来，潜力是很大的，我梦想着明年9月，陪伴着弟弟一起走进北京的大学校门。咱们一定要记住：爸爸妈妈的孩子都是好样的！”

梅对她的两个弟弟的帮助，那是一种纯真无私的大爱。她不仅身体力行，为弟弟们树立了榜样，而且从小给他们以无微不至的关心和帮助，为他们的成长和前途尽心尽力。她从小就懂得体谅父母，特别是懂得理解和疼爱妈妈。1986年3月23日，她在给弟弟们的信中这样写道：“亲爱的弟弟：……咱们家妈妈最辛苦，她为家庭做出的牺牲最大，最值得我们尊敬，也最渴望我们的理解和安慰，你们要做好儿子，愿我们共同做爸爸妈妈的好孩子，都为咱们的家庭幸福尽自己的一份力，祝弟弟们天天进步。”读到此，我不由得感叹，女儿不但有一颗纯真的爱心，而且有高洁的品行，她是多么可爱、多么善解人意啊！

喜获硕果

1986年10月丈夫因工作需要，调到省政府办公厅工作。他到太原工作以后，一般情况下，星期天可以坐市郊列车回到榆次家里休息一天。丈夫回到家里，总是想帮我分担一些家务活。我却想让他借此机会好好辅导一下亮儿的作文。我对丈夫说：“你还是好好辅导辅导你儿子的作文吧！这比帮我干家务更重要。”于是，丈夫每个星期天回到家里，就辅导亮写作文。每个星期出一个题目，布置一篇作文让他写，下次回来检查讲评，再让儿子修改，然后给他再布置一篇。这样坚持了一个冬天，到春节的时候，亮儿的写作水平有了明显的提高。记得刚开始辅导的时候，爸爸在那里检查讲评儿子的作文，讲得多是儿子作文中存在的问题。我在一旁观察儿子的表情，只见他一开始还有信心，结果听到爸爸指出他作文中的一堆缺点，我看得出，儿子的脸渐渐地沉下来，一副无精打采、无可奈何的样子。后来我提醒丈夫说：“辅导孩子，首先要肯定孩子写得好的地方，并鼓励他，然后再指出他的毛病和不足，这样效果才会好。”丈夫采纳了我的意见，果然，辅导效果一次比一次好。最终亮在1987年高考中，语文取得了好的成绩。

1987年春节，梅放寒假回到家里。这时，当年夏季亮高考、景中考的事成了全家人最关心和谈论最多的话题，这是我们家这一年的两桩大事。亮高考报志愿的事自然列入需要重点考虑的问题。亮有心报考中国政法大学，梅就带着弟弟到她的高中同学、正在中国政法大学读大二的张利宏家里，详细地询问了解了中国政法大学的专业设置、培养目标以及将来的就业方向等情况。亮回到家里跟我们说：“爸爸妈妈，我一定要报考中国政法大学。”

“好啊！爸爸妈妈、姐姐弟弟都支持你，期待着你的成功。”我和丈夫鼓励他说。

高考、中考的日期渐渐临近了，两个儿子的精神状态都很不错。

那些年高考是先填报志愿后参加考试。到亮填报志愿的时候了，为了慎重起见，我们走访了他每一门课的代课老师，请老师们客观地估摸了一下这次高考亮可能获得的最高成绩和最低成绩，因为老师最清楚学生的实力，然后把各门课估摸的成绩加起来和中国政法大学这几年的录取分数线对照，再根据自己孩子的心理素质和考试可能发挥到的程度，进行了一番仔细的分析研究之后，我们认为亮可以报考中国政法大学。于是亮在报考志愿表的第一志愿栏里慎重地填写了“中国政法大学经济法系”。

1987年7月的7号、8号、9号是全国统一高考的日子。他姐姐梅要到广西柳州学习考察，本来不打算回来，但是为了给弟弟助威，加油，也匆匆赶回家来。亮不负众望，满怀信心迎接考试，在考场上心态平稳，发挥正常。他终于如愿以偿，考取了中国政法大学经济法系，全家人都为他高兴。

景中考是在亮高考之前1987年6月份进行的。景平时学习踏实，所以我觉得他中考只要发挥正常，成绩就错不了。他去参加中考的时候，也没有让我去送，而是自己骑自行车去的。只是我那几天为他改善伙食，做了点诸如猪肝、炖鸡、凉粉之类的好吃的东西。记得中考的第一天，临行前，我将他搂在怀里，轻轻地吻了吻他的额头，拍了拍他的肩膀，鼓励他说："我儿平时学习踏实，自信心强，这次中考定能取得好成绩！"而后，我举起右手，打出一个V字形的手势说："祝你成功！"他会意地点了点头，高高兴兴地奔赴考场。这次中考是全省统一考试，景以总分527分的好成绩考上了山西省实验中学高中。

同年8月，我从榆次调到了山西省轻工业供销公司工作，我们家也随即搬到了太原。9月份开学，亮上了中国政法大学，景上了山西省实验中学高中。我们家又开始了新的生活，可以说是芝麻开花节节高。

亮儿到北京去上大学，也是第一次出远门。他也是像姐姐那样，自己办理一切有关手续，不用父母去送，自己一个人踏上了到北京的火车。他说："姐姐是女孩子都不用去送，我一个男子汉还用爸爸妈妈去送吗？"9月14日那天一早，他爸爸、弟弟和我送他到太原火车站，他姐姐在北京等候他的到来。记得火车开动的那一刻，我的眼泪禁不住从眼眶里涌了出来，我不由得跟着缓缓开动的火车往前跑，我是多么想再看上他一眼啊！他从车厢的窗户探出头和胳膊，一边使劲地向我招手，一边喊道："妈妈不要跑了，快回去吧！"直到他的声音消失在火车的汽笛声中……回到家里，看到窗台上晾放着的那一排洗得干干净净的鞋子，又勾起我对他的思念之情，不由得眼睛又湿润了。是他，在临走的前一天把全家人换下来的鞋子都刷洗干净晾在那里。那时我们还没有分上房子，一家人临时住在省政府大楼旁边那座拐角楼的单身宿舍里。隔壁的老奶奶看见了夸奖道："哟！多好的儿子呀！临上大学走，还要赶着帮妈妈洗衣服，把全家人的鞋子一双双都刷洗得干干净净，看你多有福气呀！"我湿润的眼睛又闪出了幸福和喜悦的光 。

亮儿上了大学以后进步很快，常常来信汇报他的学习情况和进步，还很挂念爸爸妈妈，关心小弟景的学习情况。有一次在来信中他还附有一篇短文，题目是"妈妈，你不要哭"。短文是这样写的：

妈妈身上有许多值得我回忆和思索的东西：积极向上的拼搏精神，干脆利落的办事作风，直爽大方的处世态度……但最使我永志不忘的，还是妈妈那丰富而深厚的情感。

在我们这个五口之家里，妈妈的感情最丰富最鲜明。她爱笑，笑声爽朗，富有感染力，会使全家春意盎然，顿添生机；她也爱哭，哭时潸然泪下，常使在场的人也不禁随之落泪。其中，妈妈的两次落泪给我留下了尤为深刻的印象。

第一次是在我上初三那年，临近升学考试我仍很淘气，有一天放学后贪玩不小心将书包丢失。课本丢了，怎么学习？心急如焚的妈妈一下班便忙着又是跑书店，又是找人借，而我却无事生非，与弟弟发生了"战争"，将弟弟打得鼻青脸肿。当妈妈拎着一包书，拖着疲惫的身体进门时，看到的却是一片狼藉的家和躺在地上哭泣的弟弟。火冒三丈的妈妈一把将我拉了过去，狠狠地打了两下，然后她自己却哭了，哭得是那么伤心，又那么凄凉。当时爸爸远在外地工作，妈妈一个人又要工作，又要照顾一家老小，不懂事的我怎么就不体谅母亲的心？突然间，我似乎明白了什么，一下子跪倒在妈妈面前，泪水不由自主地涌了出来。从那以后，我对弟弟爱护有加，再也不欺负他了。

第二次是 1987 年夏天，我接到中国政法大学的录取通知书时，妈妈看着通知书笑了，笑得是那么开心，那么舒展，猛然，我却发现妈妈眼角的皱纹愈加稠密了，是啊，我们长大了，妈妈却变老了。9 月 16 日，我第一次踏上开往北京的列车。火车就要开动了，这些天一直笑容满面的妈妈忽然背过脸去，火车徐徐开动了，妈妈扭过脸来随着启动的火车跑了几步，我看到妈妈的鼻子红红的，眼眶里蓄满了泪水。我知道，这不是一般的离别之情：我 4 岁磕破下巴，7 岁烫伤脚，10 岁摔破腿，14 岁从秋千上掉下来昏迷不醒……哪一次不是在妈妈的精心护理下，我才得以迅速康复！我逃过学，跟老师顶过嘴，哪一次不是妈妈苦口婆心地开导，三番五次奔走于学校，与老师默契配合教育，才使我幡然悔悟！有人劝她说：孩子不爱学习就算了，不用费那么大的劲管教了。而妈妈总是坚定地回答："即使是一块石头，我也要把他捂热。我就不信我的孩子学不好。"为了事业，更为了给我们做出个样子，妈妈总是通过言传身教……看着车窗外泪水盈眶的妈妈，我一句话也说不出来，眼泪也忍不住流了下来。

这么多年来，妈妈不知为我操过多少心，流过多少泪。我要说，妈妈您应该欣慰，您的心没有白操，泪没有白流。

亲爱的妈妈，我们不会辜负您的期望，要让您永远笑得开心，笑得自豪。妈妈，您不要哭！

读着这篇短文，我又禁不住落泪了，脸上却露出了笑容。后来这篇短文发表在《山西日报》副刊上。

两个大孩子都到北京上学去了，家里就剩下景一个孩子。他的姐姐哥哥对他十分关心，常常来信鼓励他努力学习，不断进步，给他提供了很多好的信息和帮助。梅在写给小弟的信中说："读了你的来信，姐姐非常高兴，你能考全班第二，进步真不小。本来嘛！我的可爱的小弟弟就不是平庸之辈，你有志气，将来定会成大器的。"亮在给弟弟的信中说："……亲爱的小弟，一定要记住咱们的那句老话：爸爸妈妈的孩子都是好样的！"

1990 年 7 月，小儿子景也面临着高考。填报志愿时，我们去征求老师的意见，他的班主任康老师对我们说："景这孩子有实力，山西这些院校哪个都能考上，不过还是要报考重点大学。"我试着和景商量说："你哥哥姐姐都到外地了，我看你就不用出去了，留在爸爸妈妈身边，爸妈也好照顾你，康老师不是说你报山西的哪所大学都能考上吗？"

"我不需要照顾，我要和姐姐一样，上北大。"他斩钉截铁地说。

"因为去年（1989 年）那场政治风波，北京大学今年新招的学生要在石家庄陆军学院军训一年，相当于当一年兵，你可是要吃苦的啊！"我郑重其事地跟他说。

"我不怕吃苦，我就是怕将来不如姐姐、哥哥了！"他说的是那样的坚定与真切，一副不容商榷的样子。当时他还不到 18 岁。

就这样，景在志愿表的第一志愿栏里也填写了"北京大学"。

8月份，在山西省实验中学公布的各大院校录取名单的大红榜上，写着一行闪闪的大字：“北京大学王景。”

成功了！小儿子也如愿以偿，考上了北京大学！全家人都很高兴，亲友们称赞祝贺。1991年春节，他从石家庄陆军学院回到家，一进家门，我看见他身着军装，头戴军帽，一个飒爽英姿、神采奕奕的儿子站在我的面前，他戴着一副雪白的手套，唰地给我行了一个标准而庄严的军礼，然后将我紧紧地拥抱，让我激动得热泪盈眶。

温家宝总理曾经说过，学生不仅要学会知识，还要学会动手，学会动脑，学会做事，学会生存，学会与别人共同生活。三个孩子小的时候，我们就教育他们要热爱劳动，动脑动手，做自己力所能及的事。客观上那时候我一个人带三个孩子，困难很多，工作和家务负担很重，所以孩子们稍大了些就成了我的帮手。尤其是女儿梅，小小年纪就帮我做家务，管理自己，还要帮我管理她的两个弟弟，在学校还当学生干部。记得那年她考上北大，周围好多人都很羡慕。有一次，亮的同学问他：“你姐姐学习那么棒，她是不是回家后什么事都不干，光是学习呢？”亮说：“不，我姐姐在家里什么活都干，洗衣做饭收拾家，她还会给我和弟弟理发呢！”干家务劳动，是孩子们从小就已经养成了的习惯，是他们的必修课。实践证明，把对孩子的教育与培养他们的劳动观念和劳动习惯结合起来，不仅没有影响他们的学习，而且促进了他们智力的发展，增强了他们生活的本领，培养了他们不畏艰苦、勤劳俭朴、珍惜财物、珍惜劳动成果的好品格。使他们体会到了父母培养他们付出的艰辛，因而更懂得体谅、关心和疼爱父母。父母干些累点重点的活儿，他们看见了马上就会抢过来自己干。他们总是家务活儿抢着干，好吃的让着吃。三个孩子在大学期间都积极上进，奋发努力，出色地完成了各自的学业。他们乐于奉献，在大学里都自觉地义务献血。他们吃苦耐劳，勇于克服困难。他们懂得关心和尊重他人，懂得感恩，有一颗淳朴、正直、善良、乐于助人的仁爱之心。他们常常利用节假日、课余休息时间勤工俭学，积极参加社会实践活动，向社会学习，使自己得到锻炼，还经常想着尽量为父母减轻负担。梅在大学期间，曾利用课余时间做商店营业员，做家庭教师，做中专学校的代课教师，编书，和同学一起不辞劳苦，到外地学习考察。亮假期打工，什么苦活累活都不怕。景上大学时，家里经济条件已经有所改善，但他假期还是到印刷厂去打工，去参加社会实践，向一线工人学习，体验生活。说实在的，那些年虽然我们的物质生活并不富裕，但精神生活却很富足。看到孩子们个个生气勃勃，健康成长，丈夫和我感到非常欣慰和满足，心里有一种自豪与喜悦，对未来充满了信心和希望。正如女儿在祝贺我们银婚时说的："爸爸妈妈是世界上最幸福、最富有的人。"我们觉得的确如此。

故事16

幸福的一家子

光阴似箭，日月如梭，快活的日子过得更快。转眼间，三个孩子都已长大成人。他们都在全国一流的高等学府出色地完成了自己的学业。女儿梅北京大学国际经济系毕业后工作两年（在中国国际旅行社任总经理秘书），又回到北大，获得了北京大学经济学院国际金融专业硕士学位，女婿明也取得了北京大学硕士学位；长子亮中国政法大学毕业后参加工作，又在职读完了山西省委党校的研究生课程，儿媳婷山西财经大学本科毕业后在税务部门工作，获“全省税务征管能手”光荣称号；小儿子景在获得北京大学双学士学位后，只身闯到深圳，在某技术公司工作三年后，他又和妻子云一起留学美国，取得信息管理和知识产权两个硕士学位，并获得了美国律师资格，媳妇云获得电力电子博士学位。孩子们在成长的道路上奋发努力，不畏艰辛，顽强拼搏，取得了一个又一个骄人的成绩。无论什么时候，无论走到哪里，他们都没有忘记父母对他们的教诲和期望，没有忘记自己对国家、对社会、对家庭的一份责任。家庭给予他们的质地和本色，深深地印在了他们的身上，成为他们不断前进的内在动力。

女儿梅从小品学兼优，乐于助人，小小年纪就成为爸爸妈妈的帮手，当时邻居们夸她是“里里外外一把手”。对两个弟弟，她有一颗慈爱的心，是那样博大、赤诚和无私。从小到大带领弟弟们成长，为弟弟们树立了好榜样。在生活上、思想上给予他们

亲密无间（1993 年）

无微不至的关心与照顾。在学习、成长方面，对他们严格要求，耐心帮助，热情鼓励，为他们排忧解难，教他们明辨是非。她意志坚强，吃苦耐劳，勇于面对困难，克服困难，并以能克服困难、战胜困难为荣为乐。她和女婿明堪称自力更生、艰苦奋斗、自强自立的模范。他俩白手起家，艰苦创业，完全靠自己的努力，打拼出了属于自己的一片天地。梅生活十分俭朴，她自己平时省吃俭用，但是对父母，对兄弟姐妹，对亲戚朋友，对需要帮助的人，却是慷慨大方，谁有困难，总是尽力相助，现在她还在资助着两个贫困孩子上学呢！刚刚参加工作的那几年，梅每月只有几十元的工资，就想着要减轻父母负担，主动担负起供养两个弟弟上学的部分学习费用。这一点，爱婿明也做得非常好。梅、明对弟弟们无微不至的关爱、帮助和支持，赢得了弟弟们的尊重和爱戴，为家庭建设做出了贡献，为家庭增添了光彩。对此，丈夫和我对他们怀以感激之情。

回想几十年来，在抚育和培养孩子成长的过程中，我虽然也遇到过艰难困苦，有过眼泪和烦恼，但从孩子们那里得到更多的是快乐与幸福，是感动与促进。

1992年12月1日，是丈夫和我的结婚纪念日，在北京大学攻读硕士学位的女儿在“写给爸爸妈妈的珍珠婚”的信中这样写道：

今天是爸爸妈妈结婚30周年纪念日，女儿不能回到爸爸妈妈身边去祝贺，希望西去的鸿雁送去女儿的祝愿。30年了多么不容易！我已满25岁，最小的弟弟也已上大学三年级了。我们姐弟三人虽称不上“出类拔萃”，但也为很多人所羡慕。爸爸妈妈儿女双全，自己的事业也卓有成效——一个多么美满的家庭！家庭成员之间血浓于水的亲情，不管是赞扬，还是批评，同出于一片爱心，一片无私的爱。这秋天的硕果是那样的诱人，那样的令人欣喜，但我们不会忘记爸爸妈妈春天的播种和夏日辛勤的耕耘。

亲爱的爸爸妈妈，你们不仅抚育了我们，而且用自己的一言一行影响了我们，塑造了我们，在我们的心目中树立起了高大的形象。无论我走到哪里，父母的爱将给我温暖，给我智慧，给我力量。

同在北京大学读大三的小儿子景也在12月1日给我们来信，他这样写道：

亲爱的爸爸、妈妈，今天是值得我们家每一个人都永远铭记的日子。爸爸妈妈已并肩携手一起走过了30个春秋，经历了风风雨雨的人生历程，创建了我们这个幸福美满的家，是多么的不容易啊！

……

我热爱我的家，热爱家中的每一个成员。每当我软弱时，它给予我力量；我怯懦时，它赋予我勇气；我消沉时，它击我以猛醒；我寂寞时，它给我以温暖；我思竭时，它给我以智慧——它是我生命中力量的源泉，也是一道永摧不垮的钢铁城墙，为了这道神圣的心灵城墙，我应该感谢你们——亲爱的爸爸、妈妈，这道城墙的修筑者和守护人，也应该感谢这个神圣的日子。在这道坚不可摧的城墙巍然屹立了30年的时候，请允许远方的儿子对它致以崇高的敬意，让鸿雁带去深深的祝福，祝爸爸妈妈更加幸福快乐，祝我们的家庭更加美满幸福、兴旺发达！

多么令人欣慰、感慨，感人肺腑、动人心弦的祝福啊！这是他们的心语，是孩子们对丈夫和我的一片挚爱啊！

1993年农历四月初五，是我50岁生日，三个孩子都祝妈妈生日快乐。梅灵机一动，还画了一幅特有趣的漫画给我寄来，让我和丈夫一看笑开了怀。她只是简单地勾画了几笔，画面却是那样幽默、风趣，寓意却是那样深刻、丰富。

“你看！女儿双手捧着个寿桃（也许是一颗红心），嘴里还念叨着：‘妈妈五十，笑口常开。’她正向你跑过来了！”丈夫指着漫画中的那个“梅”笑着说。

“哟，我们的闺女快要赶上华君武啦！”我俩说着不由得哈哈大笑起来，笑得我眼睛里流出了泪水。

漫画下边写着：“妈妈的生日就要到了，我用笨拙的笔为妈妈献上一幅漫画。你们知道，我是不会画画的，但愿我的漫画能博得妈妈一笑。”

这幅颇为有趣的漫画，大概只有女儿梅才能创作出来吧！这幅画和信我一直珍藏着，每次看到它，都会让我“扑哧”一声笑了出来，然后，回味着这珍贵甜美、血浓于水的亲情。

1995 年春，梅怀孕了。怀孕期间，虽然妊娠反应给她的身体带来了许多不适，但她照样上班，积极工作，从未请假休息。当时，她和明两人在北京工作，生活条件比较艰苦，他们没有住房，还都住在单身宿舍。眼看就快要生产了，他们所在的工作单位还都没有给他们分住房。10 月底的一天，梅在电话里跟我说：“妈妈，我的身子一天天笨重了，产期也一天天临近了。我在单位工作一贯勤勤恳恳，兢兢业业，成绩也突出，给公司做出了不少贡献。可现在自己快要生产了，单位最近分配住房，领导竟然没有考虑我……”说着说着便哽咽起来。

听到女儿的困难和委屈，我心里很难过，也很着急。我十分理解女儿，她一向是很坚强的，遇到困难总是自己想办法克服，从来不向我们诉说，更没有这么哭过鼻子，这次肯定是她心里太委屈了。何况人在怀孕期间由于身体的诸多不适，感情就比较脆弱，心情容易激动。我即刻镇静下来，鼓励她并为她想法子。我跟她说：“别哭，孩子。哭鼻子就不是妈妈的女儿了，咱得想办法解决困难才对呀！依我看，你可以鼓起勇气去找一找你们的领导，开诚布公地把你的情况和遇到的困难给他们详细讲一讲，恳切要求领导为你排忧解难，渡过难关。或许会博得领导的同情和理解，帮你解决困难的。也许领导上对你的困难情况还不是很了解。退一步讲，如果不成，到你临产的时候，爸爸妈妈就把你接回太原家里来，爸爸妈妈会照顾好你的。爸爸妈妈和你的弟弟们也不会在乎家乡那种什么‘女儿不能在娘家生孩子’之类的陋俗的。你不用发愁，也不要难过，提起精神，鼓起勇气，困难是暂时的，问题总会解决的。听妈妈的话，你是妈妈的好女儿!”

听到女儿在电话那边止住了抽泣，我才放下电话，心里却总是牵挂着她。这大概是她遇到困难在我面前唯一的一次哭鼻子吧。

过了几天，梅来电话告诉我们，说她听从妈妈的嘱咐，找单位领导深谈了一次，不几天，领导就给她分配了一套两室一厅的住房。问题终于解决了，丈夫和我很高兴。之后，他们简单地装修了一下，就搬进了新居。

梅的产期一天天临近了。1996 年元旦，梅收到了一份有趣的新年贺卡，贺卡的落款是“baby（婴儿）的二舅”。原来是她的小弟景寄来的一张别致的贺年卡。他倒是饶有兴味地自己提前当上了“二舅”，一下子逗乐了姐姐和姐夫。

就在梅搬进新居准备生产的时候，丈夫因工作过分劳累病倒了，住进了山西医学院第二附属医院。这边是丈夫生病住院，那边是女儿要生孩子，都需要亲人在身边照顾，我恨不得把自己分成两半去照顾他们。我考虑到生孩子是女人的一大难关，女儿又是初产，她婆婆又因故不能去照顾她，我怎么也放心不下。于是，我决定先去北京照顾女儿，无论如何也得女儿顺利生下孩子，再回来照顾丈夫。

1996 年 1 月 7 日，梅在北京解放军总医院生下了一个 8 斤重的大胖小子。母子平安，孩子健康，我总算松了一口气。丈夫知道女儿顺利生产，心里也很高兴，病情自然也减轻了许多。

小外孙一天天长大、长胖，十分喜人。半个月的时候，在北京大学上学的“baby（婴儿）的二舅”捧着一大束美丽的鲜花给姐姐送来。一进屋，就爬在床上仔细地端详起 baby（婴儿）来，这回他美滋滋地“正式”当上了二舅。在中午的饭桌上，一家人畅所欲言。明说:“请 baby（婴儿）的二舅为孩子起个名字吧!”景笑眯眯地思索了片刻说:“叫‘顺顺’怎么样？顺，就是‘顺利’的‘顺’，一顺百顺嘛!”

“好！这名字起得好。”明笑着说。

大家也觉得这个名字的意思和读音都好，于是孩子的乳名就叫“顺顺”了。

同年 4 月 25 日，孙子降生了，取乳名为“琛琛”。当时还在中央党校学习的丈夫，“五一”节前特地请假赶回太原来看望孙子。我们从医院把孙子和爱媳接回家。看到白白胖胖的小孙子，丈夫别提多高兴啦，我把孩子抱在怀里，他坐在旁边仔细端详着婴儿，还不时地抚摸着孩子白嫩嫩的小手，笑眯眯地说:“这是一个健康的小宝贝呀!”因为不到一年的时间，他不仅当上了“姥爷”，又当上了“爷爷”，怎么能不高兴呢？全家人喜气洋洋，家里洋溢着喜庆、快乐的气氛。

1996 年夏，景北京大学毕业了。7 月份回到家里，稍作准备，他就要到深圳某技术公司工作。为了省钱，他打算坐火车去深圳。其兄亮风趣而爽朗地说:“酷暑高温，路途遥远，小弟不要太辛苦了，让愚兄为你买张飞机票吧!”其实，亮当时参加工作时间不长，工资也不高，又结婚生子，根本没有什么积蓄，而当时从太原到深圳的飞机票就得一千好几呢！但哥哥还是慷慨解囊，为弟弟买了张飞机票。景高高兴兴地乘坐飞机到深圳上班去了，那是他第一次乘坐飞机呀！

景到深圳上班后，一开始生活条件比较艰苦，炎热的夏季，初次从北方到深圳，没有空调是很难过的，但他像姐姐哥哥一样，勇于克服困难，很快就适应了那里的环境，工作干得很出色，博得了领导和同事的一致肯定和赞赏。1997 年春节回到家，他带了一万元回来，还给爸妈、兄嫂、侄儿都买有礼物。我和他爸说：“这孩子一个月能挣多少钱？半年就给家里拿回一万元，难道他就不吃不喝，自己不消费了？”我们算了算账，知道他是靠生活节俭，把半年攒下的这些钱全部带回家来了。多么有责任心、懂得感恩、懂得爱的孩子啊！正月初六返程时，为了省钱，他还是坐火车走的。后来他结婚、出国留学，都是自力更生完成的，没有依赖父母。

有一次，我遇见了他高中时的班主任康老师。康老师对我说：“今天，我又在课堂上表扬景了！”

“是吗！表扬他什么了？”我问。

“表扬他自强自立，不依赖父母，只身闯到深圳工作，我是要教育学生们学习王景这种自强自立的精神与品格。”康老师说。

“那还不是因为您教育得好！首先应该感谢老师才对呀！高中三年，您付出过多少心血啊！”我心怀感激地说。同时，听到人家夸奖自己的儿子，心里又有一股兴奋与喜悦，走起路来也觉得格外精神了。

亮儿 1991 年从中国政法大学毕业后回到太原，被分配到省税务局工作。上班后拿到第一个月的工资，就为妈妈买了个“神灯”，我膝关节或腰背不舒服时，就用它来烤一烤，挺管用的，直到现在还用着。几年来，他工作勤勤恳恳，吃苦耐劳，敏于思考，勇于创新，受到了领导和同志们的好评。他还在工作之余，读完了省委党校研究生课程。经过十几年实践锻炼，他渐渐成熟起来，在工作能力以及为人处世等各方面都有很大的长进。儿时的“顽皮小子”“淘气包”，如今成了德才兼备的处级干部，主持着一方工作。结婚成家、买房装修房全靠自己。他的妻子婷聪明贤惠，通情达理，性格谦和，善解人意，好学上进，是单位的业务骨干，多次被评为先进工作者。十几年来，我们婆媳和谐相处，儿媳处成了“闺女”。她尊敬长者，关心别人，对他人以诚相待，与众人和睦相处。在弟妹们的心日中，有 种宽厚仁慈的“大嫂”风范。

景和云在国外学成回国，报效祖国，他们还为我们带回了一个聪明可爱的小孙女嫣嫣。现在，孙辈们也一个个健康快乐地成长着。我们原有的五口之家现在变成了十一口人的大家庭，但在这个大家庭中善良、仁爱之心没有变，积极向上、不断进取的精神风貌没有变，热爱生活、乐于奉献、团结互助、尊老爱幼的家风没有变。父母与孩子们之间，翁婿、婆媳之间和谐相处，姐弟们还是亲密如初，姑嫂、妯娌之间友爱、互助，祖孙之间更是亲密无间而又不失理智。总之，一个大家、三个小家和和睦睦，家里充满了生机与活力。2008 年春节，全家人团聚在太原，欢聚一堂，红红火火，其乐融融。家里春意盎然，鲜花簇簇，欢声笑语，好不快活！丈夫特地请他的挚友、时任省政府副秘书长的郭慧民到家里来为我们摄了一张“全家福”。你看墙上挂着的那幅放大了的“全家福”，一家人欢聚在一起，个个生气勃勃，人人喜笑颜开，这是多么祥和、多么幸福的一家子啊！

故事 17

故事还在继续

跨入新世纪以后，丈夫和我先后步入老年，从工作岗位上退了下来。退休后，我们一起享受着快乐、自由、幸福的晚年生活。我俩一起上老年大学，一起锻炼身体，打太极拳，一起到风景名胜区旅游，到野外去郊游，一起养花种草做家务，一起研究科学饮食、自我保健。我们还上网，利用电脑网络学习、写作，浏览各种信息，和朋友们、孩子们交流。现在，丈夫还在山西省关心下一代工作委员会做一些工作，我在家做后勤保障工作。孩子们有困难时，就尽力帮助，必要时帮他们照料一段时间小孩，料理一些家务等，同时也享受一家三代的天伦之乐。我们虽然已人到老年，但仍然坚持读书看报，不断学习，坚持锻炼，积极乐观，生活过得十分充实。朋友们风趣地称我们是“与时俱进”。

让我们感到满足与高兴的是，我们的国家正处在经济社会快速发展，城乡面貌日新月异，人民生活不断提高的好时期。我们幸运地赶上了这国泰民安的好时代。丈夫和我有固定的养老收入，衣食住行无忧，还享受上了我们的父辈人未曾见过和体验过的现代化生活，家里，家用电器、电子数码产品样样俱全，方便快捷，给我们的老年生活带来许多乐趣！所以，我们从内心里感激国家和社会，感激这美好的时代。同时，也感谢我们的孩子们。他们为我们的生活增添了幸福和欢乐，他们常常让我们感到欣慰和自豪，让我有一种满足感、幸福感和成就感。尽管在培育他们的过程中，曾有过不少困难和苦涩、忧伤和眼泪，但这些经历和体验充实了我们多姿多彩的人生，构成我们有意义的生命历程。如今，孩子们个个都是想着法子为我们尽孝心，让我们的晚年过得快乐舒心。有机会就带我们去旅游，有好东西就给我们送，就给我们买。丈夫高兴地对我说："现在可以说是咱们一生中最美好的时候了，咱们可要好好珍惜这美好时光呀！"我说："你说对了，现在这个时候，沧桑、见识、成熟、从容、自由、超脱，我们都有了。我们可以安详、自在地享受生活，享受经验和成熟，享受温暖的爱恋和亲情，享受回忆和希望，可以更客观地审视一切，特别是自己。这就叫'最美不过夕阳红'啊！"

日子过得真快啊！转眼间，儿女们也相继进入了不惑之年。他们的工作、生活、家庭都不错，用不着我们多操心了。但做父母的我们，应了中国那句"可怜天下父母心"的老话，对儿女们的工作、生活、健康、家庭和孙辈们的成长，心里还不由得时常牵挂，常常要不断提醒、嘱咐，甚至唠叨。总是见面叮嘱，电话询问。两代人之间以及他们姐弟之间的亲情在延续，在提升。

2008年初，我和丈夫商量，关于健康、事业、家庭、人生方面的一些事需要对孩子们讲一讲，好引起他们的重视与注意。于是，我们便郑重其事地给三个孩子写了一封信，对他们提出了一些新的建议和希望。信的全文如下：

亲爱的孩子们——梅、亮、景：

新的一年开始了，爸爸妈妈有话要对你们说。

真是"光阴似箭，日月如梭"啊！时间一晃，我们已经走到了人生旅途的最后阶段，爸爸今年68岁，妈妈65岁，都已是老年人了。你们也先后步入了中年。回顾我们人生的旅程，虽然经历了许多艰难和曲折，也曾有过许多的艰苦奋斗和付出，但这些对我们来说，都是人生的宝贵财富。现在，我们虽然年老体衰，做不了多少事，但感到生活得很充实、很快乐、很幸福。甚至觉得此时是我们有生以来最美好、最幸福的时期。这是为什么？除了爸爸妈妈自己事业有成，老有所养外，其中很大程度就是因为拥有你们——爸爸妈妈的三个宝贝儿女。

你们在爸爸妈妈的摇篮里，耳濡目染，从小就养成了正直、善良、坚强、好学上进、吃苦耐劳、与人为善的好品格。再加上你们个个聪明好学、奋发努力，当年都考取了全国一流的名牌大学，并取得了骄人的成绩。毕业后还不断学习深造。梅取得了全国第一批证券保荐人资格，亮读完了在职研究生课程，景凭着自己的能力到美国留学，获得了两个硕士学位和美国的律师资格。你们在各自的工作岗位上，个个都积极上进，勤奋努力，展示了自己的能力和才华，得到了社会和单位领导的认可，现在都已有了一定的成就。你们从小懂得仁爱，懂得孝敬父母，懂得自强、自立。尤其是女儿梅，小时候就是个懂事的姑娘，懂得好好学习，不用大人多操心，懂得疼爱父母，无私地照顾和帮助两个弟弟。在当年困难的时候，就是妈妈的得力助手，是弟弟们的楷模。爸爸妈妈虽然为养育你们付出过无数心血，但你们给了爸爸妈妈更多的欣慰和欢乐！你们成长中的每一点进步、每一个成绩都会使爸爸妈妈兴奋不已。同时，你们的健康、安全、成长和生活状况时刻都在牵动着爸爸妈妈的神经。如今，你们都已成家立业，各自都有优秀的、高素质的配偶，都已为人父母，有了自己聪明可爱的孩子。所以，你们对此也该有同样的感受了吧。

现在，爸爸妈妈要郑重地给你们说一说关于安全、健康及和谐的问题。其目的是要引起你们在这些方面足够的注意和重视。当今社会竞争激烈，人们心理压力大，容易思想浮躁，加之社会风气和社会秩序比较差，比较乱。所以，营造一个安全、健康和谐的生活和工作环境对你们来说非常重要。古人云："平安是福""平淡是福"，我们说"平平安安、健健康康、和和美美"就是大福。现在，你们在工作经验、生活经验以及经济基础上都有了一定的积累，应该是"挣钱多点少点，生活能过好就行，职位高一点低一点，顺其自然"就好。孔子曰："少年戒之在色，中年戒之在斗，老年戒之在得。"可见人到中年创造一个和谐的生活和工作环境是何等的重要！希望你们任何时候都要把握好自己，把平安、健康、和谐放在首位。记得景的一位年长的上司说得好："干这行成功的，并不是拼命工作的人，而是身体健康、长久稳健、不断积累的人。"我们觉得这位先生说得有道理，也很有远见。实际上干哪一行不是这个道理呢？多年来，我们也看到过周围和身边的一些同事或同学，他们事业有成，职位高，财富多，但他们有的生活得并不快乐、幸福。他们之中有的身患疾病，英年早逝；有的不慎犯罪，身陷囹圄；有的因家庭不和，心情惆怅；有的是子女出事，老人悲伤。看到这些情形，我们感触很深，经常联系实际做一些人生的思考。想把一些人生的体验告诉你们。至于怎样就能做好，只要你们在思想上重视，诸如保持科学的生活方式和良好的心理状态，加强锻炼，平衡饮食，亲人之间团结互助，相互理解，多一点宽容等等，你们肯定会做得更好的。

你们一定要牢记：你们能一生平安、快乐健康地生活就是爸爸妈妈对你们最大的心愿和期盼，也是你们对爸爸妈妈的最大慰藉和孝敬。爸爸妈妈也不负你们所望，也要不断努力进取，不断学习提高，与时俱进，加强锻炼，争取跟上时代的步伐，把自己的心身健康当做事业认真去对待，争取有一个健康的体魄，做一个阳光老人。能够一如既往，常常获得关于你们的佳音，得到你们的关爱和孝敬，和你们共享幸福美好的生活。但愿此信对你们能有一些启示。衷心祝愿你们平安、快乐、健康、和谐、幸福！

你们的爸爸妈妈　　2008 年 1 月

孩子们一直保持并发扬着家庭给予的品质。他们都说爸爸妈妈的信情真意切，给他们以谆谆的教诲，引起了他们对健康、安全、和谐问题的注意和重视。他们十分感谢爸爸妈妈对他们的关爱与教诲。他们还说，爸爸妈妈以及家庭每个成员之间互相给予的都是正能量。

2007 年 7 月 29 日，是梅 40 岁生日，其弟亮特地写了一封《祝姐姐生日快乐》的贺信，他在信中这样写道：

姐姐是一个自己快乐又能让别人快乐的人。姐姐从小学习成绩优异，而且很懂事。从上小学到北大研究生毕业，她取得了一个又一个的好成绩，获得了许许多多的荣誉，这些事当时在我们家那一带已广为传扬，成为包括我和弟弟在内许多孩子学习的榜样以及羡慕的对象，但姐姐最令我敬佩的还是她那优秀的品质以及充满爱心、积极向上的生活态度。

然后他回忆了小时候和姐姐一起生活时，姐姐对他的帮助以及让他现在仍然还记忆犹新的一些动人故事。贺信的结尾这样写道：

因为姐姐心无杂念，所以她总能专心致志地做好自己应该做的事情；因为她热爱生活，所以她总是充满快乐；因为她心地善良，乐于助人，所以她总能给人带来快乐；在姐姐的心灵里，总有一片纯净、美好的天空。

今年姐姐正好40，按以前的说法，她已人到中年，不过姐姐看上去依然很年轻，那是因为她有一颗善良、乐观、积极向上、充满仁爱和活力的心。在姐姐40岁生日来临之际，我衷心祝愿姐姐永远快乐！永远年轻！

看！多少年过去了，他们姐弟之间对这份珍贵的亲情，懂得更多，理解得更深，更加珍惜了。

2009年春节，梅、亮、婷、顺顺、琛琛和我俩，一家七口人到埃及去旅游，观赏了世界著名的埃及金字塔和神庙等古迹，领略了文明古国的文化风韵，欣赏了尼罗河、地中海、红海美丽雄浑的自然景观（当时，景一家因孩子才一岁多，没有和我们一起出行）。在埃及的最后两天，我们正好住在了红海之滨的胡尔戈达市的一家五星级宾馆。除夕的那天晚上，在遥远的非洲大陆、美丽的红海岸边，我们一家人举行了一个别开生面的家庭联欢晚会。梅在她的《埃及游记》中这样写道：

……我们一家七口，在万里之遥的红海边，在世界最古老文明的发祥地，除夕之夜，举办了一个难忘的“春晚”。

虽然大家事先没有准备，但即兴表演的节目更显得精彩。老妈用《草原之夜》的曲子填词的自创歌曲《红海之夜》唱出了此时此刻的情景和心情，两个小孩——顺顺和琛琛的诗朗诵激情澎湃，顺顺模仿马三立的相声《偏方》，惟妙惟肖，弟弟亮《热情的沙漠》虽然唱走了调，但也带给了大家欢乐，一向不善文艺的老爸也献上了一首歌。最后我们玩了老鹰捉小鸡的游戏，老爸老妈兴奋得如同两个天真的孩子，仿佛回到了60年前的童年时代。游戏把晚会的气氛推向高潮。晚会结束时，大家推选出晚会最活跃的人物——顺顺和琛琛，神秘大奖立即兑现：每人10美元。这一切在我们脑海里留下了美好的记忆。

2009年农历九月二十九，是丈夫70岁生日。正赶上那几天太原下了一场多年罕见的大雪，天气异常寒冷。梅、明、景及外孙顺顺冒着严寒从北京赶到太原，祝贺爸爸（姥爷）70诞辰。让我和丈夫感到十分惊喜的是，在生日午宴上，梅、亮、景姐弟仨各自为爸爸作了一篇感人的祝词。祝词的总题目是《我们眼中的爸爸》。他们分别把多年来对爸爸的理解、感受、感情抒发出来。原来这是他们姐弟三人事先就商定的送给爸爸的“生日礼物”。他们事先都做了准备，而丈夫和我对此却全然不知，直到生日宴开始，丈夫和我才觉察到这三个孩子好像要搞什么名堂。简单而温馨的生日宴一开始，亮就热情洋溢地宣布他们姐弟仨筹划好的此项内容，到场的人们一下子都安静下来。

他们姐弟仨的祝词满怀激情，各有特色，都比较长，这里只能分别摘录几段。

梅站起来亲切地看了看爸爸，然后按自己预先准备好的讲稿为爸爸献上情真意切的祝词：

宽容的爸爸。记得我小的时候，因为妈妈工作忙，姥姥带过我一段时间。我在姥姥的溺爱下，滋生了一种骄横无礼、动辄耍赖的坏习气，回到父母身边有一段时间不适应。一天，我正要上学去，忘记什么原因，爸爸批评了我几句，我心里很不服，一边往外走，一边“呸”了他一声。这种对大人不恭的行为一般会招来一顿打骂的。其实那次我刚“呸”完，心里就后悔了，一方面知道自己这样做错了，一方面害怕爸爸生了气会揍我。一旁的妈妈看到了，立即把我叫回来，严厉地批评了我，并给我讲了“礼貌”“孝顺”的道理，鼓励我认错改错，向爸爸道歉。事后我向爸爸道了歉，认了错，对自己的错误行为深感自愧与自责。晚上，在妈妈的引导和帮助下，我还写了一份检查，悄悄塞在爸爸枕头底下。爸爸没有惩罚我，甚至没有责备我，但我心里却充满着悔恨，对爸爸的宽宏大量产生了深深的敬意。这件事对我的触动很大，从那时起，我开始懂得了什么是涵养，什么是宽容。

以后我渐渐长大了，懂事了，开始有意识地培养自己的良好性格，注意修养，选择有长处的人作为自己学习的榜样。自然在人品修养方面我选择的第一位榜样就是爸爸。我相信，我继承了爸爸的优点，当然我还要继续向爸爸学习。爸爸对我的影响是很大的，以至我后来在选择男朋友时，也有意无意地拿他和爸爸比较。

……

接着是亮慷慨激昂的祝词：

敬业的爸爸。爸爸工作一向勤勤恳恳，兢兢业业，他为政清廉，克己奉公，谦虚谨慎，平易近人。在每一个工作岗位上都赢得了人们的尊重。当年爸爸在和顺县任县长时，为和顺人民办了许多实事、好事，在他调往省政府机关工作离开和顺时，人们依依不舍，一些在他身边工作过的人洒泪相送，依依惜别，场面颇为感人。时至今日，爸爸离开和顺已经20多年了，退休也近十载，和顺的同志还常常来家里看望他。

……

然后是景深情地讲他小时候对爸爸记忆最深的几件事：

爸爸喂我吃药。小时候我生病了特别不喜欢吃药，尤其是丸药，药还没有咽下就呸呸地往外吐。爸爸为了让我把药吃下去，就把一颗丸药搓成十几个比黄豆还要小的小药丸，一边哄着我，一边念着毛主席语录“下定决心，不怕牺牲，排除万难，去争取胜利”，让我把药吃下去。

爸爸生病。有一次爸爸因工作太劳累生病了，医生疑是肝炎 。后来病休在家的一个多月里，爸爸没有丝毫沮丧情绪，而是非常乐观。他每天吃药打针、读书、写作、散步，还检查我们的作业，给我们讲读书心得和书中的故事，倒像是在休假。他这种良好的情绪感染了妈妈和我们仨，使全家人脸上的愁容变为笑容。

爸爸和妈妈。爸爸和妈妈不仅是一同走过风风雨雨的伴侣，也有很多共同的兴趣和爱好。他们有共同的人生观、世界观和价值观。虽然他们也吵过架，拌过嘴，但共同的生活经历和人生理想，互补的性格，相互的理解和尊重，使得他们携手走过了几十年的岁月，他们的感情像陈年的老酒越来越醇。可以说，他们是对方的至爱，谁也离不开谁……

三个孩子感人的祝词，感动了所有在座的人。坐在丈夫旁边的我，激动得眼睛也湿润了，一种自豪感、成就感和幸福感油然而生。心里想：三个孩子都真正读懂了他们的爸爸，他们对爸爸的理解是多么全面，多么深刻，他们是多么懂得感恩的孩子啊！

那天从饭店回到家里，我问丈夫："今天你生日过的快乐吗？""很快乐，很好！"他掩饰不住内心的喜悦。"对三个孩子的祝词有什么感觉？"我又问。

他慢条斯理地说："如果说22年前梅和亮的银婚礼物给我的是惊喜与感动的话，那么此次我感受更多的是欣慰和温馨。你看！我过生日，孩子们不仅都回来看望，还精心策划、写了感人的祝词，孩子们包括侄儿男女们都是在想着法子让我快乐啊！"

2010年春节，梅带我俩和外孙顺顺一起到喜马拉雅山南麓的尼泊尔王国旅游，我们饱览了雪域圣地绚丽多姿的自然风光和富有浓郁宗教色彩的人文景观。在从西藏拉萨飞往尼泊尔首都加德满都的飞机上，我们欣喜地看到了喜马拉雅山脉巍峨宏大白雪皑皑的群峰，波澜壮阔，气势磅礴！珠穆朗玛峰高耸天外，峰顶冰雪洁白闪亮，山脊间冰川冰塔千姿百态，周围重峦叠嶂，峰头汹涌，无边无际。我真正感受到了喜马拉雅山的魅力，领略了地球第三极的神韵。这次尼泊尔之行的美好情景常常在我们的脑海里显现，从那里带回来的波卡拉山水图画挂在墙上，常常让我们有一种身临其境的感觉，这对我俩的身心健康颇为有益。

2012年春节，景和他媳妇云邀请我和丈夫到温暖的深圳住一段，并说利用春节休假期间，带我们出国旅游一次。儿子儿媳的邀请，让我俩心里很高兴。我们一直就想着趁现在身体状况还行的时候，有机会就出去看看。这次又有儿子陪同，既安全又省心。

丈夫和我抓紧时间办好了出国护照。景在网上为我们预订了机票。1 月 8 日那天一大早，天还没亮，大儿子亮就驾车送我们到了太原武宿机场。

上午 10 点多钟，飞机准时抵达深圳宝安机场。景儿早已等候在机场的出口处，看见我们，隔着栅栏微笑着向我们招手。当我们拉着行李走出来时，将近不惑之年的儿子张开双臂高兴地和我拥抱。然后接过行李带我们到停车场，让我们坐上他新购的一辆大众轿车。他一边驾着车在机场高速路上行驶，一边兴致勃勃地给我们讲述着深圳的变化。快到他们居住的小区时，他告诉我们小区附近的标志性建筑——北面是深圳园博园的一座高塔叫“福塔”，旁边是深圳气象局的高楼，楼顶上有一个大大的圆盘形的气象测量仪，这样好让我俩以后单独出去时有个参照物，容易找回到住的地方。丈夫和我坐在儿子这舒适的车里，心里乐滋滋、暖洋洋的，我不由得自言自语道：“在太原，有大儿子送我们，到了深圳，又有小儿子接我们，有这样两个好儿子，感觉真好啊！”

爱媳云和孙女嫣嫣在家迎候我们。怕我们腿脚受凉，云为我们准备了新的棉拖鞋，把最大的一间能见上阳光的卧室收拾好了给我们住。在这间卧室里，透过玻璃窗可以看到大海，天气好的时候，还可以看到香港。

次日，云就带我们到深圳莲花山公园游览。进入莲花山公园，看到一丛丛鲜艳美丽的三角梅静静盛开，高大矫健的椰子树、浓绿茂盛的棕榈树和各种花草错落有致，争奇斗艳。这些美景在北方的隆冬无论如何是看不到的。我和丈夫高兴地在鲜花丛中留了影。我们爬上莲花山顶，那里空气清新，视野开阔，可俯瞰深圳的全貌。山顶的小广场上，耸立着邓小平同志向前跨步走的高大塑像。我们瞻仰了伟人的塑像，并深深鞠躬表示敬意。丈夫语重心长地说："没有邓小平同志就没有深圳的现在啊！"

"没有他老人家，也没有咱们家的现在呀！"我接着说。丈夫会意地点点头表示赞同。

我们三人在邓小平塑像前合影留念，云又给我和丈夫单独摄了两张。回到太原，丈夫挑了一张最满意的放大加框摆放在自家的客厅里。

春节前夕，农历腊月二十八日，景带我们赴柬埔寨旅游。之前，他为我们这次出国旅游进行了细致而周密的策划，他考虑到我们的年纪及身体状况，吃、住、行、游都想让我们舒适些。从网上办理签证手续、订购往返机票到住宿行程，都由他一人操办。为了自由自在地享受旅游的快乐，我们这次没有选择跟旅行团，而是自助游。我们从深圳出关，到香港国际机场。再从香港乘飞机直达柬埔寨首都金边。在金边，我们参观了柬埔寨现任国王西哈莫尼亲王和前任国王西哈努克亲王的王宫，还参观了王宫北侧的国家博物馆。王宫高大雄伟，金碧辉煌，各种雕塑十分精美，再加上那碧蓝天空的映衬，那些宫殿显得更加光彩耀人。第二天，我们驱车来到了距金边 300 多千米的东方四大奇迹之一吴哥窟。在这里，儿子租了辆不错的轿车，当地年轻的司机操一口流利的英语，热情友好，成了我们的朋友和导游，他和儿子交流，儿子就是我们的翻译。我们一家三口自由、休闲、愉快地游览了吴哥城、吴哥寺、女王宫、洞里萨湖、塔布茏寺等景点，还在那里度过了一个有意义的春节。正月初三下午，我们从吴哥的暹粒－吴哥国际机场乘飞机，顺利抵达香港，又由香港返回深圳。

愉快的柬埔寨之旅结束了，柬埔寨美丽壮观的景色和善良友好的人民成为我们的美好回忆。儿子高兴地说：“这次旅游虽然花费略高于跟团，但吃、住、出行都很舒适，行动也比较从容，爸妈充分体验到了出国旅游的乐趣，看到爸爸妈妈很开心，我觉得很值。”

次年5月12日，那天正好是母亲节。梅和景特地从外地赶回来，和亮、婷以及侄女两口一起张罗着为我祝贺70岁生日。

在生日宴上，梅、亮、景首先朗诵了他们祝福妈妈70岁生日的文章，题为《妈妈给我们的爱》，现摘几段如下：

> ……在妈妈生日来临之际，我们为妈妈送上儿女的祝福，还特别感谢妈妈给我们的非凡的爱。年轻时努力奋斗的妈妈给我们树立了积极进取的榜样，退休后多姿多彩的妈妈又将成为我们未来的楷模……
>
> 在那些艰难困苦的岁月，妈妈坚强地挑起了家庭和工作的重担，妈妈吃了多少苦，流了多少泪啊！妈妈辛勤抚育和培养了我们，给了我们勤劳的双手、善于思索的头脑和善良的心。妈妈给予我们的教诲，更是值得我们一生铭记。而这，才是照亮我们未来人生之路并伴随我们前行的明灯……

接着，亮满怀激情地赋诗一首，题目是《一样的母亲，不一样的爱》，现摘录如下：

我们的妈妈，
和别人的妈妈一样，

永远把家庭和子女挂在心上。
当我们还是孩童时，
妈妈悉心呵护，
哺育着我们茁壮成长；
当我们已经长大，
步入社会，忙于事业，
伴随我们的，
依然是妈妈深切的目光；
如今，我们的孩子，
是妈妈新的关心对象，
是爸爸妈妈新的骄傲和希望。

我们的妈妈，
和别人的妈妈不一样，
她更具智慧，更加坚强。
她不仅懂得让孩子吃饱穿暖，
更懂得教育孩子自信、自立、自强！
妈妈的言传身教，本身就是我们的样板。
当年，在那艰难困苦的岁月，
妈妈那瘦弱的身躯，
体现出少有的顽强和惊人的力量，
她带领全家渡过难关；
当我们表现冲动或遭遇迷茫，
妈妈的爱让我们冷静、安详，
更具有智慧和思想；
当我们遇到坎坷和困难，

妈妈的爱让我们更加坚韧和刚强；
现在，我们也已步入中年，
愈发深深地感受到，
妈妈的爱，是那样的意味深长。
正如一位诗人所说：
“妈妈的爱是海洋……
我们可以走的很远很远，
但永远走不出母亲心灵的广场！”

最后，他们几个为我表演了他们自编的节目——合唱《献给妈妈》。歌词是三个孩子共同编写的，曲调用的是《今天是你的生日，中国》那首歌的曲调：

今天我们祝福妈妈生日快乐！
蓝天上一片白云飘过。
多少风雨坎坷你一路走来，
汗水处盛开花儿朵朵。
我们祝福你的生日我的妈妈，
愿你永远没有忧愁永远快乐。
我们祝福你的生日亲爱的妈妈，
这是儿女们心中期望的歌。

今天我们祝福妈妈生日快乐！
母亲的关爱温暖心窝。
风雨过后迎来阳光灿烂，
昨日艰辛化作累累硕果。

我们祝福你的生日我的妈妈，
愿你永远笑口常开健康快乐。
我们祝福你的生日亲爱的妈妈，
这是儿女们心中祝福的歌。

好一支动人心弦、感人肺腑的歌啊！40来岁的儿女们为70岁的母亲唱出了他们心中祝福的歌、期望的歌，是多么难能可贵啊！女儿梅用手机摄录了当时的情景，放在电脑上，我想他们时，就打开电脑看看。

2012年12月1日，迎来了丈夫和我结婚50周年纪念日。梅、亮、景早早就筹划给我俩庆贺金婚。亮还请同事小秦帮助制作了《喜庆爸爸妈妈金婚》的视频短片。

金婚那天，梅、景从外地赶回来了，我们的弟弟妹妹、侄儿、侄女以及他们的孩子都来了，梅的好友琴也来了，30多口人欢聚一堂，问长问短，谈天说地，好不热闹！

庆祝宴会由景儿主持。宴会一开始，一个20分钟的视频短片把在座的人深深地吸引住了。一支《金婚快乐》的歌曲肃然响起：

爸爸妈妈，儿女们爱你们啊！
五十年了，是怎样的风雨路啊！
今天儿女们为你欢聚一堂，祝爸爸妈妈金婚快乐。
爸爸妈妈儿女们爱你们啊！你们就是我们的爱情榜样。
今后无论有多少坎坷路，像爸爸妈妈那样地爱着。
爸爸妈妈金婚快乐，五十年的风雨路，真不容易啊！
爸爸妈妈金婚快乐，我们会像你们一样，手牵手幸福一生。
……

随着优雅深情、浑厚嘹亮的《金婚快乐》乐曲，大屏幕上出现了三个小家分别祝贺爸爸妈妈（爷爷奶奶、姥姥姥爷）金婚快乐的画面。

随着短片中的主持人亮的解说，一些珍贵的老照片、新照片一一出现在大屏幕上。有我俩和三个孩子幼年、童年、少年、青年等不同时期和年代的老照片，也有近年来我俩退休以后在国内外风景名胜区旅游时的新照片，还有他们三个小家一家三口以及拥有十一口人的大家全家福。在视频里，亮扼要地讲述着我们这个家庭的发展历程和三个孩子的成长过程。之后，他以充满激情的声音说："今天，在爸爸妈妈结婚 50 年纪念的时候，请听听孩子们发自肺腑的祝福吧！"

接着是姐弟三人的齐声祝福："祝爸爸妈妈金婚快乐！"亮继续情绪高昂地讲叙："……爸爸妈妈积极向上、乐观坚强的工作和生活态度始终激励着我们；爸爸妈妈与人为善、乐于助人的优秀品质一直感染着我们；爸爸妈妈勤奋好学、认真细致的优良作风不断影响着我们；爸爸妈妈的谆谆教诲、悉心呵护永远伴随着我们。谢谢爸爸妈妈带领我们建设了这样一个幸福的家。我们将以爸爸妈妈为榜样，努力建设好自己的家庭。亲爱的爸爸妈妈，祝你们健康长寿，永远快乐！"

亮一家还献上了一副对联。

亮读上联：五十载携手相伴相濡以沫成就美满婚姻。

婷念下联：半世纪互敬互爱同心协力构建幸福家庭。

琛琛说横批：喜庆金婚。

喜庆金婚的后续是景和云为我们精心筹划和安排了一次愉快的泰国游。和儿子、儿媳、孙女在欢乐祥和的气氛中，我们幸福地度过了金婚“蜜月”。

2013年9月的一个星期天，梅在北京参加了一次培训，随即给丈夫和我同时发来了一封短信：

亲爱的爸爸妈妈：

今天，我参加了幸福密码的课程，我在开心的听讲和体验培训中，悟出了一些关于幸福的道理。爸爸妈妈给予了我健康的身体、健全的心灵，这是我幸福的源泉。

我生长在一个和谐的家庭，父母互敬互爱，有一致的人生观和价值观，我们姐弟仨亲密无间，积极向上。我自己的丈夫健康进取，我们和睦相处。儿子懂事，自强自立，学业有成又很孝顺。我有自己热爱的事业，周围还有一群真诚相处的朋友，我觉得自己挺幸福的。我越来越认识到父母对子女的影响是深远的，父母给予了我生命，给予了我儿时的培养教育，我长大成人后，也一直在有意无意地学习父母的处世方式，教育孩子的理念和方法以及面对困难的勇气。现在的父母，老有所为，健康阳光，也将会成为我们今后学习的榜样。有你们做我的父母，我是幸福的。我要把这种幸福传递给我的子孙，传递给周围的世界。谢谢爸爸妈妈！

您的女儿　　2013年9月29日

读罢女儿的短信，我和丈夫在议论，在思考，父母对孩子成长的影响竟如此之大，如此深远。

在我们这个充满挚爱、充满生机活力的家庭里，好家风代代传承，精彩的故事还在继续……

家教感言

2011年春节，我们全家十一口人欢聚龙城太原。正月初四下午，客厅里花团锦簇，女儿、女婿、儿子、儿媳，个个精神焕发，喜气洋洋。孙辈们生龙活虎，生气勃勃。全家人欢声笑语，欢乐祥和的气息充满了整个家。此时此刻，一个由女儿梅发起、姐弟们自己组织的家庭恳谈会在这里开始了。

这次家庭恳谈会的主要议题是“如何培养教育孩子，使孩子拥有健康快乐人生”。如今已为人父母的他们，也探讨起家教的问题来了！他们也开始品尝培养和教育孩子的酸甜苦辣了。

这次家庭恳谈会研讨气氛热烈，他们根据自己养育孩子的体会和学来的有关家教方面的知识进行研讨，提出自己的看法、想法和意见。大家各抒己见，畅所欲言，有时还请我和丈夫谈谈对有关问题的看法、意见，两代人共同探讨当代社会培养教育孩子的良策。恳谈会进行了整整一个下午，最后大家取得了一些共识，得出一些共同的教育理念、教育观点和教育方法。

我把这些材料进行了一番整理，结合我在教育孩子方面的体会，略述如下：

一、关于培养目标

应该培养教育孩子成为德、智、体、美全面发展的人才。使孩子具有崇高的理想信念、高尚的道德品质和良好的行为习惯，具有积极乐观的生活态度、健康的体魄和良好的心理素质，成为能够适应各种社会环境的人才。

二、如何实现培养目标

1. 父母要做孩子的好榜样

家庭是人生的第一所学校，父母是孩子的第一任老师。从一定意义上讲，父母还是孩子受教时间最长的老师。父母本身的素质对孩子的成长影响极大。所以，父母应具备良好的素质。父母应该有理想、有抱负，与时俱进，不断学习，和孩子一起成长。如果父母具有自强不息的精神，那么孩子就会从父母身上汲取力量，积极上进。父母应该有较为高尚的道德品质和良好的行为习惯，孩子从父母身上直接看到和学到的就是怎样做人，如何处世。要知道，美丽的灵魂要由同样美丽的灵魂去塑造，父母的道德品质和行为习惯，都直接或间接地影响着孩子。所以，父母是孩子的榜样。从某种意义上讲，孩子也是父母的一面镜子。

2. 要为孩子创造一个良好的家庭环境

家庭环境对孩子的成长具有强大的影响力，创造一个有利于孩子成长的良好环境，对孩子的健康成长至关重要。

家庭的生活环境和学习环境，应该是在物质和精神两方面都能满足孩子成长的需求，能让孩子快乐地成长。现在，在物质生活条件普遍优越的情况下，孩子在精神、求知、心理方面的需求尤为突出。孩子需要一个民主、平等、文明、和谐的人际环境，家庭成员之间就要相互尊重，团结友爱，和睦相处。孩子是家庭中的一员，父母不要娇宠溺爱，姑息放任，也不要动辄训斥和打骂。一家人要做到互相关爱，互相鼓励，分工劳动，遇事商量，共同享受生活的乐趣；孩子需要一个丰富多彩、蓬勃向上的智力环境，父母就要给予孩子有关智力发展方面的投资，帮助孩子寻找智能的最佳点，尽力为孩子能“见多”“识广”创造条件，激发孩子学习的兴趣，为孩子提供一个有利于学习、发展智力的环境。健康的体魄是孩子成长的基石，没有健康的体魄就不会有美好的一切。所以父母必须重视并帮助孩子认识健康的重要性，使孩子养成科学的生活方式和良好的行为习惯，逐步学会关注自己的健康。父母及家庭成员勤奋好学，刻苦钻研，家里形成一种好学上进的氛围，自然就会启迪和激励孩子读书学习的兴趣和热情。父母及家庭成员的言传身教，在学习、工作、道德行为、生活习惯上所做的榜样，给孩子以耳濡目染、潜移默化的影响，恰是构成良好的家庭环境的重要环节。

3. 要从小培养孩子独立生活的能力，教育孩子自强自立

独立实际上是一种对人格的尊重。日本思想家福泽渝吉说："教育就是授人独立自尊之道，并开拓躬行实践之法。"父母应该注重培养孩子吃苦耐劳的精神和自己动手的能力。要让孩子积极参与力所能及的家务劳动，逐步承担一定的家庭责任，具有独立生活的能力，能够承受成长中所遇到的各种压力与挫折。这样，孩子长大成人后才可能取得较大的成就，才会有较好的婚姻和人际关系。正如我国教育家陶行知先生所说的要教育孩子"滴自己的汗，吃自己的饭，自己的事自己干"。所以，父母应该多给孩子自由成长的空间，敢于放手让孩子去独立活动，鼓励孩子积极参加实践活动，经受锻炼，不要怕失败，不要怕犯错误，孩子从"失败""错误"中获得经验教训，才能逐步成长起来。当然，对孩子独立活动，家长要给予孩子及时的指导、帮助和鼓励。父母对孩子真正成功的爱，就是让孩子尽早作为一个独立的个体从你的生命中分离出去，这种分离越早，父母的教育就越是成功。反之，如果父母总是怕孩子吃苦受累，对孩子溺爱，包揽一切，孩子得不到锻炼，那么，孩子将来在生活的道路上往往会更加艰难。在当今社会物质生活条件普遍优越而竞争激烈的情况下，注

重对孩子自强自立、独立意识和独立能力的培养尤为重要。

4. 要学习研究并积累总结科学有效的教育方法

教育孩子要以表扬鼓励为主，督促批评为辅。家长对孩子要善于正确引导，积极鼓励，要懂得“数子十过，不如奖子一长”道理。孩子的心底都蕴藏有积极向上的能量，当孩子做了好事或因有进步受到夸奖和赞许时，他们的心理需求就会得到满足，就会产生愉快的情绪，就会发现自身价值，对做好事和取得进步的内心体验就会逐步加深并丰富，从而增强自信心和责任感。父母还要善于捕捉教育时机，不放过任何一个对孩子有益的教育机会。包括父母及他人的言行、榜样的力量、各种有益的活动，甚至一些反面的事件，只要对孩子有教育作用，就要不失时机地抓住施以教育。教育要注意方式方法，讲究艺术，使孩子乐于接受。

教育管理孩子应宽严相济，要动之以情，晓之以理。普天下的父母都爱自己的孩子，有素质的父母懂得理智地去爱孩子，提高爱的质量。把对孩子深深的爱融入到对孩子的严格要求之中，让孩子健康成长。要处理好“爱”和“严”的关系，处理好“欣赏”和“责罚”的关系。注意宽严适度，恩威相济。既要和蔼可亲，又要严格要求。以欣赏教育为主，并施以适当的提醒、督促和批评。对孩子的缺点错误不要姑息迁就，放任不管，对孩子的无理要求和不当行为要敢于说“不”。要知道适度的“严”是“爱”的别名，对孩子“严是爱，松是害”，真正做到“爱而不溺，严而有度，放而不纵”。

总之，家庭教育是一门科学，是一个复杂的系统工程，教育孩子亦无定法，要根据孩子的不同个性、成长的不同阶段、所处的不同环境采取相应的方式方法。教子之道需要父母不断地学习、研究、探索和总结。

附录

情深意远品亦高

——读《我和孩子们的故事》有感

《我和孩子们的故事》一书读毕，犹如品过一杯好茶，馨香久久萦绕。书中的故事，一个个感人肺腑，给人以意境之美、情感之美。

人常说：友情的可贵，在于帮助；亲情的可贵，在于支持；爱情的可贵，在于陪伴。《我和孩子们的故事》中对于爱情、亲情、友情的描述，充满真情实感。书中关于亲情的一个个故事，都给人留下了深刻的印象，每个故事里都饱含着深情。这充分说明一个道理，只要生命里有温暖的“情”字，就可拥有“晴空一鹤排云上”的奔放与热烈。

生命中有情，催生责任。“在孩子的成长过程中，家庭教育具有独特的效能”，“良好的家庭环境是孩子成长的原动力”。《我和孩子们的故事》的主人公讲得精辟，做得到位，堪称家庭教育的楷模。他（她）们带着感情，肩负使命，从点滴入手，细致入微、言传身教，精心培育，教育子女健康成长，“流自己的汗，吃自己的饭”，处处体现了现代家庭教育的理念。一位教育工作者说过：一个优秀孩子的背后一定有一对懂得教儿育女的父母。书中主人公的三个孩子品学兼优、学有所成，就是对这句话的最好诠释。

生活中有情，催生奋进。《我和孩子们的故事》的主人公在事业上同样是成功的。几十年虽然经历风雨坎坷，但凭着他（她）坚实的步伐，走向了胜利的彼岸。正如2008年给儿女的信中所说的：“回顾我们人生的旅程，虽然经历了许多艰难困苦和曲折，也曾有过许多的艰苦奋斗和付出，但这些对我们来说，都是人生的宝贵财富。”这是何等的情怀！

晋中市关心下一代工作委员会常务副主任　李其文

2013年5月于榆次

父母德高　子女良教

——《我和孩子们的故事》读后感

《我和孩子们的故事》一书读后，感慨良多，作者把她教育孩子的成功事例以故事的形式，用朴实无华的语言娓娓道来，字里行间表露出了细腻的感情，博大的母爱。有几次读书时我不禁热泪盈眶，我们深知，每个优秀的孩子，其父母都有不平凡之处。

言传身教结硕果。苏联著名教育家苏霍姆林斯基说过：“父母是孩子的第一任老师。”父母的一言一行都会影响孩子的行为，会在孩子幼小的心灵中留下很深的烙印。孩子们从他们父母身上得到的不仅是衣食生活保障，更是做人的标杆。有好的标杆，他们脚下就是一条通往成功的广阔大道。

于无声处显爱心。对孩子的爱，是无私的爱。爱在不同的情况下有不同的表现形式。克服对孩子的溺爱，培养孩子的独立生活能力，就是对孩子最大的爱。好的教育孩子的方法，背后是有巨大的爱作为支撑的，爱孩子才是教育好孩子的基础。

有情有泪有欢笑。书中很多次写到了妈妈的眼泪，特别是在孩子面前率性地流泪，对孩子的成长起到了心灵鸡汤的神奇作用。我不是说妈妈的眼泪有多么神奇，而是眼泪背后的真情表露，把孩子看成平等个体，具有独立人格的平等个体。书中孩子的《妈妈，你不要哭》就是最好的注释。风雨过后会出现彩虹，泪水过后就会有欢笑，家庭就会更加融洽和谐，孩子就会快速成长。

教育孩子，是与孩子心灵的沟通，是对孩子灵魂的塑造。这既需要有浓浓的爱，更需要以身作则，还需要有科学的、行之有效的方法。本书在很多方面值得后来者学习、体会。

山西省《关心下一代》编辑部副主任　尹耀荣

2013年6月

读《我和孩子们的故事》有感

读凤英同志著的《我和孩子们的故事》一书，感受颇深，受益匪浅。

一个看似平凡的女主人，不仅营造了一个和谐、幸福、美满的家庭，而且为国家培养出三个优秀人才。凤英同志的确是一个在家庭、事业，尤其是在教育子女方面做出了不平凡业绩的人。

《我和孩子们的故事》没有华丽的篇章，只是一些事件的真实的记录，却引人入胜，可见它的艺术之高超。可以说，《我和孩子们的故事》是一件艺术品，里面蕴含了许多艺术成分，如处理婚姻的艺术，构建家庭的艺术，教育子女的艺术，在事业上展现自身才能的艺术，特别是在教育子女以及第三代人的问题上，这些艺术才能展现得淋漓尽致，给读者以深刻而且广泛的启迪。对现在的年轻父母来说，在培养教育子女方面，有不少盲点。针对这样一个现实问题，作者在这方面所做的研究和探索，对许多家庭都有参考价值，所以这本《我和孩子们的故事》也是一部教科书。

山西省政府办公厅　武聪明

2013 年 6 月 3 日

后　记

退休后的这些年，我常常回想起孩子们小时候成长的那些岁月，三个孩子成长道路上的一幕幕总是历历在目。当一次次地回味抚育他们成长的酸甜苦辣，我的心里就会激起层层的浪花。于是，我产生了一个想法，那就是把这些真实的故事写下来，让孩子们了解、认识过去，了解他们成长的足迹，并从一个侧面了解和认识那一段不平常的历史，进而理解和思考我们的过去、现在和未来，让我们两代人或许更多代的人能够互相理解、互相学习，并将滋生出来的正能量注入到生活中去，从而获得心灵的滋养，得到人格上的教益。2007 年夏，我在一场交通事故中受伤。在卧床修养的日子里，我开始构思和着手写这些真实的故事。先后经过五年的时间，写下了这些林林总总的故事，几经修改，终于将《我和孩子们的故事》（以下简称《故事》）完成了。

《故事》的素材，是丈夫和我过去的一些笔记、日记，丈夫和我分居两地时的来往信件，孩子们中小学时代的笔记、日记，孩子们给爸爸妈妈的信件，姐弟们之间的来往信件，还有后来的一些录音磁带等。这些珍藏多年的记录为我提供了生动、真实的第一手材料，帮助我回忆起了许多值得永久记忆的东西。那个年代还没有电脑，我们用自己的笔记录下了那些真实的感情和思想。这些材料也就成了“保存感情”的珍品。这些故事，浸着我辛酸的泪水，映着我欣慰的笑容，是我发自内心的真实感受。《故事》是对孩子们成长过程的回忆，也是对家教成败得失的思考。我写出的每一个故事，丈夫和孩子们即是第一读者，是他们给予了我很大的支持和帮助。可以说，《故事》同样也凝聚了他们的心血和汗水，同时这些故事也引起了他们的共鸣和思考。现将这本饱含深情的心血之作留给我的孩子们，留给大家，谨请对家庭教育感兴趣的朋友和读者批评指正。

在此，特别感谢八十高龄的山西省政协原主席郭裕怀同志审阅书稿，精心作序，力挺此书。感谢山西省政府原副秘书长郭慧民同志审阅书稿并作序，感谢李其文、尹耀荣、武聪明等同志对本书提出指导性意见并写了感言，感谢山西省出版集团李文芳同志大力支持，感谢山西教育出版社刘立平、张沛泓、康健、张平等同志的热忱指导和精心编辑。

武凤英

2014 年 4 月 11 日于太原